CONTENTS

SOBRE O AUTOR

Olá! Meu nome é Igor Doin, e sou um profissional apaixonado e dedicado à área de segurança da informação. Com anos de experiência prática, tive o privilégio de trabalhar de perto com mais de 500 empresas, ajudando-as a fortalecer suas defesas e garantir a integridade de seus sistemas e dados. Minha jornada na cibersegurança começou com uma profunda curiosidade e entusiasmo pela área, e evoluiu para um papel de consultoria estratégica onde consigo fazer uma diferença real na segurança dos meus clientes.

Como hacker ético, encontro grande satisfação em identificar e relatar vulnerabilidades em sites e aplicativos. Esse trabalho não é apenas uma profissão para mim, mas uma verdadeira paixão. A experiência prática que acumulei ao longo dos anos me permite entender as ameaças e desafios de diferentes perspectivas, o que é fundamental para fornecer soluções eficazes e personalizadas.

Atualmente, gerencio os processos estratégicos e comerciais em uma empresa de consultoria em segurança da informação. Nesta função, acompanho de perto a jornada de cada cliente, desde o primeiro contato e avaliação da situação atual até às melhorias contínuas ao longo dos meses. Minha missão é garantir que cada organização não apenas alcance, mas mantenha um nível robusto de segurança.

Ao longo de minha carreira, conheci milhares de pessoas pelo Brasil e testemunhei em primeira mão a transformação da segurança da informação de um conceito muitas vezes subestimado para a base sólida e essencial de qualquer empresa. A segurança da informação é mais do que um pilar; é a fundação sobre a qual se constrói a confiança e a resiliência de uma organização.

Espero que este livro ofereça a você insights valiosos e práticos para aprimorar a segurança de sua própria organização. Estou ansioso para compartilhar com você as lições aprendidas e as melhores práticas que desenvolvi ao longo de minha jornada na cibersegurança.

Caso você goste do livro, não se esqueça de deixar a sua avaliação na Amazon, isso me ajuda e motiva bastante! Além disso, sinta-se à vontade para me buscar nas redes sociais, como o Linkedin ou Instagram, para me contar como este livro ajudou na sua carreira. Basta procurar por "Igor Doin" e você me encontrará facilmente. Agora sim: desejo uma excelente leitura!

CAPÍTULO ZERO - CONSELHOS PARA A JORNADA

Antes de mergulharmos de cabeça no fascinante mundo da cibersegurança, eu queria tirar um momentinho para conversar diretamente com você. Primeiramente, meu **muito obrigado**! Obrigado pela sua confiança em dedicar seu tempo a esta obra e pela honra que você me dá ao me permitir te ajudar nos seus primeiros passos, seja para iniciar sua carreira em cibersegurança, para se encontrar nessa área ou simplesmente para estimular um novo hobbie.

Para mim, segurança da informação não é só um trabalho – embora eu trabalhe com isso todos os dias da minha vida nos últimos anos –, é uma verdadeira paixão! Sou um entusiasta da área e foi com esse entusiasmo que escrevi este livro. Meu objetivo foi abordar todos os pontos que considero fundamentais para quem está começando, mas sempre buscando uma linguagem fácil, acessível e, espero, interessante. Quero que você sinta como se estivéssemos conversando, desvendando juntos esses conceitos.

Ah, e não se esqueça: adoraria continuar essa conversa! Você pode me encontrar em praticamente todas as redes sociais buscando por **"Igor Doin"**. Me procure, siga, adicione! Eu adoraria ouvir seu feedback sobre este ou qualquer outro livro meu. Fique à vontade para mandar suas críticas e sugestões – estou sempre aberto a aprender e melhorar.

Agora sim, espero que você goste da leitura e que esta jornada seja muito proveitosa!

Ótima leitura!

CAPÍTULO 1 – INTRODUÇÃO À SEGURANÇA DA INFORMAÇÃO

Neste primeiro capítulo, quero te introduzir a um conceito fundamental que está por trás de tudo: a **Segurança da Informação**. Pode parecer um termo técnico, mas garanto que ele é mais presente no seu dia a dia do que você imagina. Vamos desvendar isso juntos?

1. O que é, Afinal, Essa Tal de Segurança da Informação?

Pense assim: tudo o que fazemos hoje gera ou utiliza algum tipo de informação – desde uma conversa no WhatsApp, uma compra online, até os documentos sigilosos de uma grande empresa. A Segurança da Informação é, basicamente, o conjunto de tudo o que fazemos para proteger essas informações. Isso inclui práticas, regras (políticas), jeitos de fazer as coisas (procedimentos) e, claro, ferramentas tecnológicas.

O grande objetivo? Garantir que nossas informações não caiam em mãos erradas (acesso não autorizado), não sejam usadas de forma indevida, divulgadas sem permissão, perdidas, alteradas ou destruídas. Em poucas palavras, é como cuidamos para que a informação fique **confidencial** (só quem pode vê, vê), mantenha sua **integridade** (não seja modificada sem autorização) e esteja **disponível** sempre que precisarmos dela.

E aqui vai um ponto importante: segurança da informação não é só sobre computadores e tecnologia! Ela envolve também o mundo físico (como trancar um arquivo importante numa gaveta), a forma como organizamos nossos processos e, principalmente, como nós, seres humanos, lidamos com a informação. Proteger um relatório no seu computador é segurança da informação, assim como ter cuidado ao descartar documentos em papel ou até mesmo o que falamos em conversas importantes.

Para realmente entender como proteger nossas informações, precisamos conhecer os pilares que sustentam tudo isso. Vamos a eles?

1.1. Os Três Mosqueteiros da Segurança: Confidencialidade, Integridade e Disponibilidade (A famosa Tríade CIA)

Imagine que a segurança da informação é uma mesa de três pernas. Se uma delas quebrar, a mesa toda pode cair. Essas três pernas são conhecidas como a **Tríade CIA:**

1. **Confidencialidade (C):** É garantir que a informação só seja acessada por quem realmente tem permissão. Pense em um segredo contado apenas a um amigo de confiança. Você não quer que mais ninguém saiba, certo? No mundo digital, isso significa usar senhas fortes para proteger suas contas, criptografar arquivos importantes (vamos falar mais sobre isso depois!) e limitar quem pode ver informações sensíveis, como dados de clientes ou estratégias de negócio. É o princípio do "só para os seus olhos".

2. **Integridade (I):** Aqui, a preocupação é garantir que a informação seja **exata** e **completa**, sem ter sido alterada ou corrompida sem autorização, seja por acidente ou de propósito. Imagine receber uma carta importante e perceber que alguém abriu o envelope e rabiscou o conteúdo. A mensagem perdeu sua integridade. No mundo digital, usamos coisas como assinaturas digitais ou verificações (chamadas *checksums*) para ter certeza de que um arquivo que você baixou ou recebeu por e-mail é exatamente o mesmo

que foi enviado, sem nenhuma adulteração no caminho.

3. **Disponibilidade (A):** De que adianta a informação estar secreta e intacta se você não consegue acessá-la quando precisa? A disponibilidade garante que os sistemas e as informações estejam funcionando e acessíveis para os usuários autorizados sempre que necessário. Pense no site do seu banco fora do ar bem na hora que você precisa fazer um pagamento urgente. Isso é uma falha de disponibilidade e pode causar muitos problemas! Para evitar isso, usamos backups (cópias de segurança), sistemas redundantes (se um falha, outro assume) e planos para lidar com imprevistos.

Lembre-se: esses três pilares trabalham juntos. Se um deles falhar, toda a segurança da informação fica em risco.

1.2. E Tem Mais Dois Conceitos Importantes: Autenticidade e Não Repúdio

Além da tríade CIA, outros dois conceitos aparecem bastante quando falamos de segurança:

- **Autenticidade:** É ter certeza de que a informação é **genuína** e que quem a criou ou enviou é realmente quem diz ser. Sabe quando você vê aquele selo de "perfil verificado" em uma rede social? É uma forma de garantir a autenticidade daquela conta. No mundo digital, usamos certificados digitais para verificar a identidade de um site (aquele cadeado no navegador!) ou de quem enviou um e-mail importante.

- **Não Repúdio:** Esse nome pode parecer estranho, mas a ideia é simples: garantir que alguém não possa **negar** ter feito alguma coisa. Pense em assinar um contrato. Sua assinatura prova que você concordou com aqueles termos. O não repúdio no mundo digital funciona de forma parecida: é a capacidade de provar que uma ação específica (como enviar um documento ou fazer uma transação) foi realizada por uma pessoa ou sistema específico, e essa pessoa não pode simplesmente dizer "não fui eu". Uma assinatura digital em um contrato eletrônico é um ótimo exemplo disso.

1.3. Dados, Informação e Conhecimento: Entendendo o Que Protegemos

Muitas vezes usamos essas palavras como sinônimos, mas em segurança, é útil saber a diferença:

- **Dados:** São fatos brutos, números soltos, registros isolados. Por si só, não dizem muita coisa. Imagine uma lista de números: 25, 28, 30, 22. São apenas dados.
- **Informação:** É quando organizamos e damos contexto aos dados. Se eu te disser que aqueles números (25, 28, 30, 22) são as temperaturas máximas dos últimos quatro dias, eles se tornam informação útil. Analisar registros de um sistema (dados) e perceber um padrão de tentativas de login falhando pode ser uma informação crucial de segurança.
- **Conhecimento:** Surge quando absorvemos a informação, a entendemos e a usamos para tomar decisões ou agir. Ao perceber o padrão de tentativas de login falhadas (informação), um profissional de segurança pode investigar e descobrir uma nova técnica de ataque. Isso gera conhecimento sobre como se defender de ataques futuros.

Por que essa diferença importa? Porque o que realmente tem valor e precisa ser protegido não são os dados brutos em si, mas a **informação** que eles geram e o **conhecimento** que podemos adquirir a partir dela. Proteger isso é proteger um ativo valioso para pessoas e empresas.

2. Mas Por Que Tanta Preocupação com Segurança da Informação?

Você pode estar se perguntando: "Ok, entendi os conceitos, mas por que isso é tão vital hoje em dia?". A resposta está nos impactos que a falta de segurança pode causar.

2.1. O Preço de um Vazamento de Dados

Quando dados vazam – seja de uma empresa gigante ou seus dados pessoais – as consequências podem ser devastadoras:

- **Para Empresas:**
  - **Prejuízos Financeiros:** Multas pesadas (vamos falar de leis como a LGPD depois!), custos para recuperar sistemas, perda de negócios e até processos na justiça.
  - **Danos à Reputação:** A confiança dos clientes e parceiros é abalada, e recuperar a imagem da empresa pode levar anos. Pense se você confiaria seus dados a uma empresa que já sofreu um grande vazamento.
- **Para Pessoas (Como Eu e Você):**
  - **Riscos Pessoais:** Seus dados pessoais (CPF, senhas, endereço) podem ser usados para aplicar golpes, abrir contas falsas em seu nome (roubo de identidade), fazer chantagens ou outras maldades.

2.2. Exemplos que Fizeram o Mundo Acordar

Infelizmente, não faltam exemplos de incidentes que mostraram a importância da segurança:

- **Vazamentos em Redes Sociais:** Já vimos casos de dados de milhões de usuários do Facebook e LinkedIn expostos por falhas ou ataques diretos.
- **Ataques a Bancos e Cartões:** Imagine o caos se dados de cartões de crédito ou informações bancárias vazarem em massa. Já aconteceu, gerando perdas financeiras enormes e muita insegurança.

Esses casos, amplamente divulgados, nos ensinaram que **ninguém está imune**: nem grandes corporações, nem pequenas empresas, nem nós, usuários comuns. A proteção é responsabilidade de todos.

3. Uma Breve Viagem no Tempo: A Evolução da Segurança

A preocupação com segurança não nasceu com a internet.

3.1. Do Cofre ao Computador

Antigamente, a segurança era principalmente **física**: trancar portas, proteger cofres, guardar documentos em arquivos seguros. Com a chegada dos computadores e da internet, a informação migrou para o mundo digital, e a segurança precisou evoluir junto. Claro que a segurança física ainda é importante (proteger a sala onde ficam os servidores, por exemplo), mas a **segurança digital** se tornou absolutamente essencial no mundo conectado em que vivemos.

3.2. O Nascimento da Cibersegurança

Podemos marcar alguns momentos importantes nessa evolução:

- **Anos 70:** Primeiros estudos sobre como proteger sistemas, muito ligados a governos e militares.
- **Anos 80:** Surgem os primeiros vírus e *worms* (programas que se espalham sozinhos), como o famoso "Morris Worm" em 1988. Isso mostrou como as redes eram frágeis e impulsionou a criação de antivírus e firewalls (barreiras de proteção).
- **Anos 90:** A internet se populariza e, com ela, novos desafios: ataques para derrubar sites (DDoS) e os primeiros golpes de phishing. A necessidade de regras (políticas) de segurança ficou clara.
- **Anos 2000 em diante:** Os ataques ficaram mais espertos e direcionados a grandes empresas, governos e até infraestruturas críticas (como redes de energia). A indústria de cibersegurança cresceu rapidamente para tentar acompanhar.
- **Hoje:** Com smartphones, redes sociais, nuvem e a "Internet das Coisas" (IoT) - onde até nossa geladeira pode conectar à internet - a área que precisamos proteger (a "superfície de ataque") ficou gigantesca, exigindo defesas cada vez mais inteligentes e robustas.

3.3. O Que Vem Por Aí? Ameaças e Defesas do Futuro

A tecnologia não para de evoluir, e as ameaças também não. Já pensamos em ataques a carros autônomos, drones, smart TVs e todo tipo de dispositivo conectado. O futuro da defesa digital provavelmente envolverá:

- **Inteligência Artificial (IA):** Usar IA para detectar e responder a ataques de forma mais rápida e inteligente.
- **Criptografia Pós-Quântica:** Preparar nossas defesas para a chegada dos computadores quânticos, que podem quebrar a criptografia que usamos hoje.
- **Mais Colaboração:** Governos, empresas e pesquisadores trabalhando juntos para enfrentar ataques que afetam a todos.

4. Como Está o Cenário Hoje? Um Panorama Atual

O mundo digital de hoje é cheio de oportunidades, mas também cheio de desafios de segurança.

4.1. A Explosão das Ameaças Cibernéticas

Vivemos um crescimento enorme na quantidade e na variedade de ameaças. Temos desde malwares (softwares maliciosos) super avançados até golpes de engenharia social muito bem elaborados. Por quê? Mais dispositivos conectados, maior dependência da tecnologia e, infelizmente, muitos sistemas e usuários ainda vulneráveis por falta de cuidado ou de políticas de segurança adequadas. Os criminosos se aproveitam disso para ganhar dinheiro ou simplesmente causar danos.

4.2. A Internet das Coisas (IoT) e Seus Riscos

Geladeiras, lâmpadas, câmeras de segurança, relógios inteligentes... tudo conectado à internet! Isso é a IoT. É fantástico ter essa conectividade, mas cada novo dispositivo online é uma nova porta que pode ser explorada por invasores. Muitos desses aparelhos não são projetados com segurança como prioridade e podem se tornar alvos fáceis.

4.3. Trabalho Remoto e Nuvem: Novos Paradigmas, Novos Cuidados

O trabalho remoto virou realidade para muitos, o que significa acessar dados da empresa de fora do escritório. Isso aumenta a área de risco, pois cada computador pessoal e conexão de internet doméstica vira um ponto potencial de entrada para ataques. Além disso, usamos cada vez mais a **computação em nuvem** para guardar nossos arquivos e rodar aplicações em servidores de terceiros (como Google Drive, Dropbox, AWS, etc.). A nuvem traz muitas vantagens (custo, acesso fácil), mas exige cuidado redobrado para gerenciar quem acessa o quê e como esses dados são protegidos lá.

5. O Que Esperar Deste Livro? Nossos Objetivos e Roteiro

Preparei este livro pensando em te dar uma visão completa sobre segurança da informação e cibersegurança, do básico ao avançado.

5.1. Como Nosso Caminho Está Organizado

Vamos avançar passo a passo:

- Começamos com os **fundamentos** (este capítulo e o próximo).
- Depois, vamos conhecer as **principais ameaças e ataques** que existem por aí.
- Entenderemos como funcionam os **malwares** e as ferramentas usadas pelos invasores.
- Aprenderemos a **proteger** nossas redes, computadores, celulares e servidores.
- Mergulharemos na **criptografia** para proteger nossos dados.
- Falaremos sobre **gestão de riscos** e **leis** como a LGPD.
- Teremos dicas práticas para a **segurança pessoal** e para **pequenas empresas**.
- Exploraremos as **oportunidades de carreira** na área.
- Analisaremos as **tendências futuras**.
- Veremos **estudos de caso** reais para aprender com eles.
- E, por fim, faremos um **resumo geral** e indicaremos os próximos passos.

Usei uma linguagem que espero ser clara, com muitos exemplos práticos para facilitar o entendimento. Meu objetivo é que este livro sirva tanto para quem está começando do zero quanto para quem já tem alguma noção e quer se aprofundar.

5.2. A Importância de Nunca Parar de Aprender

Se tem uma coisa que você precisa guardar sobre cibersegurança é: **ela muda o tempo todo!** Novas ameaças surgem diariamente, novas tecnologias criam novas brechas, e novas defesas são desenvolvidas. Por isso, quem quer trabalhar na área ou simplesmente se proteger de verdade precisa estar sempre aprendendo. Como?

- **Cursos e Certificações:** Existem muitas opções, desde básicas até super avançadas.
- **Comunidades Online:** Fóruns, grupos, blogs onde profissionais trocam ideias.
- **Eventos:** Conferências são ótimas para ver as novidades e conhecer gente da área.
- **Prática:** Montar laboratórios em casa, participar de competições (CTFs) para testar suas habilidades.

Manter essa mentalidade de aprendizado constante é a chave para estar sempre um passo à frente (ou pelo menos não muito atrás!) das ameaças.

Concluindo Nosso Primeiro Passo

Ufa! Chegamos ao fim do nosso primeiro capítulo. Espero que agora você tenha uma ideia mais clara do que é Segurança da Informação, por que ela é tão crucial e quais são seus pilares fundamentais. Vimos também um pouco da história, do cenário atual cheio de desafios como IoT e nuvem, e a importância de proteger nossos dados.

Este foi só o começo da nossa jornada. Nos próximos capítulos, vamos mergulhar mais fundo em cada um desses tópicos, com exemplos, dicas práticas e tudo o que você precisa para construir uma base sólida, seja para proteger sua vida digital ou quem sabe até seguir carreira nessa área fascinante!

CAPÍTULO 2 – FUNDAMENTOS DE CIBERSEGURANÇA

No capítulo anterior, nós conversamos sobre a base de tudo: a Segurança da Informação, com seus pilares de Confidencialidade, Integridade e Disponibilidade. Vimos como ela é ampla e envolve até mesmo a segurança física. Agora, vamos dar um passo adiante e focar em algo mais específico, mas que está totalmente conectado: a **Cibersegurança**. Preparado(a)?

1. Afinal, o que é Cibersegurança?

Se a Segurança da Informação é a proteção de *toda* informação, não importa onde ela esteja (no papel, na nossa cabeça, no computador), a **Cibersegurança** é a parte que se concentra especificamente em proteger nossos ativos no **mundo digital**. Pense em computadores, redes, servidores, celulares, aplicativos, sites, a própria internet... tudo isso é o "ciberespaço". A cibersegurança é o conjunto de práticas, tecnologias e processos que usamos para defender esse universo contra ataques, danos ou acessos não autorizados que vêm do ambiente digital.

1.1. Segurança da Informação vs. Cibersegurança: Qual a Diferença?

É comum confundir os dois, mas pense assim:

- **Segurança da Informação é o guarda-chuva maior:** Cobre tudo, desde trancar a gaveta com documentos (físico) até usar senhas fortes (digital). Ela se preocupa com a

Tríade CIA (Confidencialidade, Integridade, Disponibilidade) em qualquer formato.

- **Cibersegurança está embaixo desse guarda-chuva:** Ela foca especificamente nos desafios do mundo digital. Ela aplica os princípios da Tríade CIA, mas pensando em combater ameaças como vírus (malware), golpes online (phishing), ataques que sequestram seus dados (ransomware) e muitos outros perigos que vivem no ambiente cibernético.

Eles são diferentes, mas **totalmente complementares**. Não adianta ter a melhor segurança digital se alguém pode simplesmente entrar na sala do servidor porque a porta estava aberta (falha na segurança física). Em muitas empresas, as equipes trabalham juntas para garantir uma proteção completa.

1.2. Os Quatro Pilares da Cibersegurança: Uma Base Sólida

Para construir uma boa cibersegurança, precisamos nos apoiar em quatro pilares fundamentais. Imagine um banquinho de quatro pernas – se uma falhar, o equilíbrio fica comprometido:

1. **Pessoas:** Sim, nós! Somos nós que usamos, criamos e gerenciamos os sistemas. Um clique descuidado em um link malicioso, uma senha fraca ou a falta de atenção podem ser a porta de entrada para um ataque. Por isso, o treinamento e a conscientização são essenciais.

2. **Processos:** São as regras do jogo, os procedimentos que seguimos. Como criar senhas seguras? O que fazer se suspeitarmos de um ataque? Como garantir que um novo sistema seja configurado corretamente? Ter processos bem definidos ajuda a padronizar as ações e a responder de forma eficaz.

3. **Tecnologias:** Aqui entram as ferramentas que usamos para nos proteger: firewalls (as "muralhas" da nossa rede), antivírus, sistemas que detectam intrusos (IDS/IPS), criptografia para embaralhar os dados, etc. A tecnologia é crucial, mas sozinha não resolve tudo.

4. **Governança:** Pense na governança como a "estratégia" por

trás de tudo. Ela garante que as decisões sobre segurança estejam alinhadas com os objetivos da empresa, que os riscos sejam bem gerenciados e que as leis e normas sejam cumpridas.

2. Conceitos que Você Precisa Conhecer

Vamos entender algumas palavras-chave que aparecem o tempo todo em cibersegurança:

2.1. Ameaças, Vulnerabilidades e Riscos: O Trio Perigoso

- **Ameaça:** É qualquer coisa que **possa** causar dano aos seus sistemas ou dados. Pode ser um vírus, um hacker tentando invadir, um funcionário mal-intencionado, ou até um desastre natural como uma enchente que atinja seu data center. A ameaça é o "perigo" em si.

- **Vulnerabilidade:** É uma **fraqueza** ou **falha** no seu sistema, processo ou até no comportamento humano que pode ser explorada por uma ameaça. Exemplos: um programa desatualizado, uma senha óbvia ("123456"), uma porta de rede aberta sem necessidade, ou um funcionário que clica em qualquer link. A vulnerabilidade é a "brecha".

- **Risco:** É a **probabilidade** de uma ameaça explorar uma vulnerabilidade e causar um impacto negativo. O risco combina a chance de algo ruim acontecer com a gravidade do estrago que isso pode causar. Por exemplo, o *risco* de ter seus dados roubados aumenta se você usa senhas fracas (*vulnerabilidade*) e existem hackers tentando roubar senhas (*ameaça*).

Entender essa dinâmica (Ameaça explora Vulnerabilidade, gerando Risco) é fundamental para saber onde concentrar nossos esforços de proteção.

2.2. Vetores e Superfície de Ataque: Por Onde o Perigo Entra?

- **Vetores de Ataque:** São os **caminhos** ou **meios** que os criminosos usam para realizar um ataque. Pense nas "armas" ou "táticas" deles. Exemplos comuns: e-mails de phishing, links maliciosos em sites, pen drives infectados, explorar uma falha em um software, ou até mesmo enganar alguém pelo telefone (engenharia social).

- **Superfície de Ataque:** É a **soma de todos os pontos possíveis** por onde um invasor pode tentar entrar ou atacar um sistema ou rede. Quanto mais sistemas expostos na internet, mais aplicativos, mais dispositivos conectados, maior a sua superfície de ataque. É como ter um castelo com muitas portas e janelas abertas – fica mais fácil para o inimigo encontrar um jeito de entrar. Nosso objetivo é sempre tentar reduzir essa superfície.

2.3. Defesa em Profundidade: Não Confie em uma Única Muralha!

Imagine defender um castelo medieval. Você não colocaria apenas um muro alto, certo? Teria um fosso, arqueiros nos muros, portões reforçados, guardas internos... Várias camadas de defesa! Esse é o princípio da **Defesa em Profundidade** (ou *Defence in Depth*) na cibersegurança.

Em vez de confiar em uma única proteção (só um antivírus, por exemplo), nós criamos **múltiplas barreiras:**

- **Camada 1:** Um firewall na borda da rede, filtrando o tráfego da internet.
- **Camada 2:** Sistemas de Detecção de Intrusão (IDS/IPS) monitorando o tráfego *dentro* da rede.
- **Camada 3:** Manter os sistemas e programas sempre atualizados (aplicar *patches*).
- **Camada 4:** Criptografar dados importantes e usar autenticação forte para os usuários (como a autenticação de dois fatores).
- **Camada 5:** Treinar os usuários para não caírem em golpes!

A ideia é que, se um invasor conseguir passar por uma barreira, ainda haverá outras para detê-lo ou atrasá-lo, dificultando o acesso aos dados mais valiosos.

3. Construindo Certo: Princípios de Arquitetura Segura

Como as empresas organizam tudo isso de forma estruturada?

3.1. Modelos e Receitas: ISO 27001, NIST, COBIT

Existem "guias" ou "frameworks" que ajudam as organizações a construir e gerenciar a segurança de forma consistente. Alguns dos mais conhecidos são:

- **ISO/IEC 27001:** É um padrão internacional famoso para criar um Sistema de Gestão de Segurança da Informação (SGSI). Ele define o que precisa ser feito em várias áreas (riscos, controles, políticas, etc.).
- **NIST Cybersecurity Framework:** Criado nos EUA, é muito prático e organiza as ações em cinco funções: Identificar, Proteger, Detectar, Responder e Recuperar. É um guia excelente para qualquer tipo de organização melhorar sua postura de segurança.
- **COBIT:** Mais focado em governança de TI, ajuda a alinhar a tecnologia com os objetivos do negócio, incluindo a segurança.

Esses modelos não são obrigatórios para todos, mas fornecem um ótimo roteiro com as melhores práticas do mercado.

3.2. Lidando com Riscos: Estratégias de Mitigação

Quando identificamos um risco, temos algumas opções para lidar com ele:

- **Aceitar:** Às vezes, o custo para eliminar um risco é muito maior do que o prejuízo se ele acontecer. A empresa pode decidir conscientemente aceitar aquele risco (geralmente riscos de baixo impacto).
- **Transferir:** Passar o risco para um terceiro. O exemplo clássico é contratar um seguro cibernético para cobrir perdas financeiras em caso de ataque.
- **Evitar:** Simplesmente eliminar a atividade ou o sistema que está gerando o risco. Se um serviço antigo não é mais

essencial e representa um grande perigo, a melhor opção pode ser desativá-lo.

- **Reduzir (ou Mitigar):** Essa é a estratégia mais comum. Implementamos controles de segurança (firewalls, antivírus, treinamentos, etc.) para diminuir a probabilidade ou o impacto do risco.

3.3. Avaliação de Riscos e Planos B: Prevenção e Preparação

- **Avaliação de Riscos:** É o processo de olhar para seus sistemas e informações, identificar onde estão as fraquezas (vulnerabilidades), quais ameaças podem explorá-las e qual seria o estrago (impacto). Isso ajuda a priorizar onde investir em segurança.

- **Planejamento de Contingência:** É ter um "Plano B" para quando as coisas derem errado. O que fazer em caso de um grande ataque, uma falha geral ou um desastre natural? Isso inclui planos para recuperar os sistemas (DRP - Disaster Recovery Plan) e para manter o negócio funcionando (BCP - Business Continuity Plan), além de garantir que os backups estejam funcionando e possam ser restaurados.

4. As Regras do Jogo: Políticas de Segurança

4.1. O Que São, Por Que Ter e Como Criar?

Uma **Política de Segurança** é um documento oficial que estabelece as regras, as diretrizes e as responsabilidades sobre como proteger as informações e os sistemas de uma organização. Pense nela como o "manual de conduta" da segurança.

Para que serve?

- Alinhar todos (funcionários, gestores) sobre o que é esperado em termos de comportamento seguro.
- Definir claramente o que pode e o que não pode ser feito (ex: regras para usar e-mail, internet, senhas, dispositivos pessoais no trabalho - BYOD).
- Servir de base para treinamentos e auditorias.

Como criar?

- Envolver as diferentes áreas da empresa, pois cada uma tem suas necessidades e riscos.
- Ser clara, objetiva e fácil de entender.
- Ser comunicada a todos e revisada periodicamente.

4.2. Quem Faz o Quê? Papéis e Responsabilidades

É fundamental que todos saibam qual é o seu papel na segurança:

- **Liderança de Segurança (CISO):** Define a estratégia geral.
- **Equipe de TI:** Implementa e mantém as ferramentas e controles técnicos.
- **Auditores/Compliance:** Verificam se as regras estão sendo seguidas.
- **Todos os Usuários:** Conhecem e seguem as boas práticas no seu dia a dia. A segurança é, no fim das contas, responsabilidade de todos!

4.3. E Quando o Pior Acontece? Plano de Resposta a Incidentes

Mesmo com todas as proteções, incidentes podem acontecer (um ataque de ransomware, um vazamento de dados...). É crucial ter um **Plano de Resposta a Incidentes (PRI)** preparado de antemão. Esse plano guia a equipe sobre:

1. **Como detectar** que algo estranho está acontecendo e analisar o que é.
2. **Como conter** o problema rapidamente para que ele não se espalhe.
3. **Como erradicar** a causa raiz (remover o malware, fechar a brecha).
4. **Como recuperar** os sistemas e dados (geralmente usando backups).
5. **O que aprender** com o incidente para evitar que ele se repita.

Ter esse plano pronto e treinado economiza tempo precioso e reduz o impacto durante uma crise.

5. O Elo (Não Tão) Fraco: A Cultura de Segurança

5.1. A Importância das Pessoas

Costuma-se dizer que o ser humano é o elo mais fraco da segurança. E, de fato, muitos incidentes começam com um erro humano: um clique errado, uma senha compartilhada, falta de atenção. Mas eu prefiro pensar que as pessoas são, na verdade, a **primeira linha de defesa**! Se todos estiverem conscientes e engajados, a segurança se torna muito mais forte. Coisas simples como ter cuidado com e-mails suspeitos, usar senhas fortes e bloquear a tela do computador fazem uma diferença enorme.

5.2. Conscientização e Treinamento: A Chave do Sucesso

Não basta ter políticas escritas, é preciso que as pessoas as conheçam e entendam o porquê delas. Isso se faz com:

- **Treinamentos Regulares:** Workshops, cursos online, simulações de phishing (enviar e-mails falsos para testar a atenção da equipe).
- **Comunicação Constante:** Lembretes, dicas de segurança, campanhas internas para manter o assunto vivo.
- **Canais Abertos:** Incentivar que qualquer pessoa se sinta à vontade para reportar algo suspeito, sem medo de errar.

5.3. O Exemplo Vem de Cima: Engajamento da Liderança

Para que a cultura de segurança realmente funcione, o apoio e o exemplo da alta direção são fundamentais. Os líderes precisam mostrar que levam a segurança a sério, investir nos recursos necessários e cobrar responsabilidade. Quando a liderança está engajada, a mensagem se espalha por toda a organização: segurança é prioridade para todos.

Concluindo Nosso Mergulho nos Fundamentos

Neste capítulo, nós aprofundamos nossa compreensão sobre Cibersegurança. Vimos que ela é a parte da Segurança da Informação focada no digital, sustentada pelos pilares de Pessoas,

Processos, Tecnologias e Governança. Desvendamos conceitos cruciais como ameaças, vulnerabilidades, riscos, vetores de ataque e a importância da defesa em camadas. Exploramos como as organizações estruturam sua segurança usando modelos como ISO e NIST, como criam políticas e como se preparam para incidentes. E, acima de tudo, reforçamos o papel vital da cultura de segurança e da conscientização de cada um de nós.

Com esses fundamentos bem entendidos, estamos prontos para o próximo passo: conhecer em detalhes os tipos de ataques e ameaças que existem por aí. No próximo capítulo, vamos explorar o "lado sombrio", entendendo as táticas e ferramentas usadas pelos cibercriminosos. Conhecer o inimigo é o primeiro passo para se defender melhor!

CAPÍTULO 3 – PRINCIPAIS AMEAÇAS E ATAQUES CIBERNÉTICOS

E aí, pronto(a) para mais uma etapa? Nos capítulos anteriores, nós construímos a base, entendendo o que é Segurança da Informação e Cibersegurança, seus pilares e conceitos fundamentais. Agora, chegou a hora de olharmos mais de perto para as **ameaças** e os **métodos de ataque** que realmente existem por aí. Afinal, para nos defendermos bem, precisamos primeiro conhecer como o "inimigo" pensa e age, certo? Vamos investigar isso!

1. Um Olhar Geral Sobre as Ameaças

Antes de mergulhar nas técnicas específicas, vamos entender duas coisas: por que alguém atacaria e por que essas ameaças não param de crescer?

1.1. Por Trás do Ataque: As Motivações

Quem são esses "atacantes" ou "cibercriminosos" e o que eles querem? As motivações podem ser bem variadas:

- **Grana (Crime Organizado):** Muitos ataques hoje são feitos por grupos que buscam lucro fácil. Eles podem roubar dados para vender, aplicar fraudes bancárias, sequestrar informações e pedir resgate (ransomware), entre outras coisas.

- **Causas e Protestos (Hacktivismo):** Existem grupos ou indivíduos que atacam para promover uma ideia política, social ou ideológica. Eles podem vazar informações sigilosas de governos ou empresas, ou alterar a aparência de sites (ação chamada *defacement*) como forma de protesto.
- **Espionagem (Governamental ou Corporativa):** Agentes de governos ou até empresas concorrentes podem realizar ataques para roubar segredos industriais, informações confidenciais, estratégias de negócio ou propriedade intelectual, buscando vantagens competitivas ou estratégicas.
- **Terror e Caos (Terrorismo Cibernético):** Organizações terroristas podem mirar em infraestruturas críticas – como redes de energia, sistemas de transporte ou comunicação – para causar pânico, instabilidade e danos reais à sociedade.
- **Vingança ou Problemas Pessoais:** Às vezes, o ataque vem de alguém com uma motivação pessoal, como um ex-funcionário insatisfeito que quer prejudicar a antiga empresa ou uma pessoa específica.

1.2. Por Que as Ameaças Só Aumentam?

Parece que a cada dia ouvimos falar de um novo ataque, né? Isso acontece por alguns motivos:

- **Todo Mundo Conectado:** Quanto mais gente e mais dispositivos (celulares, computadores, TVs, geladeiras...) conectados à internet, maior a "área de risco" e mais oportunidades para os atacantes encontrarem brechas.
- **Tecnologia em Evolução Constante:** Novas tecnologias como computação em nuvem, Internet das Coisas (IoT) e pagamentos digitais trazem muitas facilidades, mas também criam novos alvos e desafios de segurança.
- **Facilidade de Atacar:** Infelizmente, hoje em dia, muitas ferramentas e "kits" para realizar ataques podem ser encontrados com relativa facilidade na internet (inclusive na *dark web*), o que permite que até atacantes menos experientes

entrem em ação.

- **Nós Mesmos (Falta de Consciência):** Muitas vezes, somos nós, usuários e empresas, que facilitamos a vida dos criminosos por não seguirmos boas práticas: usamos senhas fracas, não atualizamos nossos programas, clicamos em links suspeitos... Essa falta de cuidado aumenta muito as chances de um ataque ter sucesso.

2. As Táticas Mais Comuns: Como Eles Atacam?

Agora, vamos ver algumas das técnicas mais usadas pelos criminosos.

2.1. Engenharia Social: Atacando a Mente, Não a Máquina

Essa é, talvez, a tática **mais perigosa e eficaz**, porque ela não explora falhas em computadores, mas sim a **natureza humana**: nossa confiança, curiosidade, medo ou vontade de ajudar. O atacante manipula a vítima para conseguir informações ou fazer com que ela realize uma ação prejudicial. É como um golpe de um estelionatário, só que no mundo digital. Formas comuns incluem:

- **Phishing (Pescaria):** Sabe aqueles e-mails que parecem ser do seu banco, de uma loja famosa ou de uma rede social, pedindo para você clicar em um link, atualizar seus dados ou baixar um anexo? Muitas vezes são falsos! O objetivo é roubar suas senhas ou instalar um programa malicioso no seu dispositivo.
- **Vishing (Voice Phishing):** É o phishing por **voz**. Alguém liga para você fingindo ser do banco, do suporte técnico da sua empresa ou de algum órgão do governo, tentando te enganar para conseguir informações pessoais, senhas ou acesso remoto ao seu computador.
- **Smishing (SMS Phishing):** É o phishing via **mensagem de texto (SMS)**. Você recebe uma mensagem com um link suspeito dizendo que você ganhou um prêmio, que sua conta foi bloqueada ou que há uma entrega pendente, tudo para fazer você clicar ou fornecer dados.

- **Pretexting (Criando uma História):** O atacante inventa uma história, um "pretexto", para parecer legítimo. Ele pode fingir ser um colega de trabalho, um gerente, um técnico, alguém do RH, tudo para convencer você a dar informações que não deveria.

Como se proteger da Engenharia Social?

- **DESCONFIE SEMPRE!** Principalmente de mensagens ou ligações inesperadas que pedem informações pessoais, senhas ou dinheiro, ou que criam um senso de urgência exagerado.
- **Verifique a Fonte:** Olhe bem o endereço de e-mail do remetente, passe o mouse sobre os links (sem clicar!) para ver o endereço real para onde eles apontam. Se receber uma ligação suspeita, desligue e ligue você mesmo para o número oficial da instituição.
- **NUNCA Forneça Senhas ou Dados Sensíveis:** Empresas sérias não pedem sua senha por e-mail, SMS ou telefone.

2.2. Ataques de Força Bruta e o Perigo das Senhas Vazadas

- **Força Bruta:** É a técnica de tentar adivinhar senhas ou chaves testando todas as combinações possíveis, como um chaveiro tentando abrir uma fechadura com milhares de chaves diferentes. Softwares fazem isso automaticamente e muito rápido.
- **Credenciais Vazadas:** Quando um site ou serviço é invadido, listas com nomes de usuário e senhas podem vazar na internet. Os criminosos pegam essas listas e tentam usar as mesmas combinações em outros serviços (bancos, e-mails, redes sociais), uma prática chamada *credential stuffing*. Se você usa a mesma senha em vários lugares, o risco é enorme!

Como se proteger?

- **Senhas FORTES:** Longas, misturando letras maiúsculas, minúsculas, números e símbolos. E o mais importante: **senhas diferentes para cada serviço!** (Use um gerenciador de senhas para ajudar, como vimos antes).

- **Autenticação de Dois Fatores (2FA/MFA):** Ative essa camada extra sempre que possível! Mesmo que descubram sua senha, ainda precisarão do segundo fator (código no celular, por exemplo).

2.3. Explorando Falhas: Vulnerabilidades de Dia Zero e Conhecidas

- **Dia Zero (Zero-Day):** Essa é perigosa! É uma falha (vulnerabilidade) que foi descoberta pelos criminosos **antes** que o fabricante do software saiba ou tenha tido tempo de criar uma correção (*patch*). Como não existe defesa oficial ainda, os ataques que exploram *zero-days* podem ser muito eficazes.
- **Exploits Conhecidos:** Aqui, o ataque explora uma falha que **já é conhecida** e para a qual, geralmente, **já existe uma correção**. Por que funciona? Porque muitas pessoas e empresas demoram ou simplesmente não atualizam seus programas!

Como se proteger?

- **MANTENHA TUDO ATUALIZADO!** Sistemas operacionais, navegadores, aplicativos... Instale as atualizações de segurança assim que estiverem disponíveis. Isso corrige as vulnerabilidades conhecidas.
- **Use Ferramentas de Detecção:** Firewalls, antivírus e sistemas de detecção de intrusão podem ajudar a identificar atividades suspeitas, mesmo de ataques desconhecidos.
- **Gerenciamento de Vulnerabilidades:** Empresas precisam ter processos para identificar e corrigir falhas de forma contínua.

3. Ataques de Negação de Serviço (DDoS): Tirando Tudo do Ar

3.1. O Que é Isso?

Imagine que você quer entrar em uma loja, mas um grupo

enorme de pessoas bloqueia a entrada de propósito, impedindo que qualquer cliente real consiga passar. Um ataque de **Negação de Serviço (DoS - Denial of Service)** ou **Negação de Serviço Distribuída (DDoS - Distributed Denial of Service)** funciona de forma parecida. O objetivo é sobrecarregar um servidor, site ou rede com tantas solicitações falsas e simultâneas que ele fica lento ou totalmente inacessível para os usuários legítimos.

- **DoS:** Ataque vindo de uma única fonte.
- **DDoS:** Ataque muito mais potente, vindo de **milhares** de computadores diferentes espalhados pelo mundo, coordenados por um atacante.

3.2. Exércitos Zumbis: As Botnets

Como um único atacante controla milhares de computadores para um DDoS? Ele cria uma **Botnet**: uma rede de computadores que foram infectados com um malware específico e que agora obedecem a comandos remotamente, sem que seus donos saibam. Esses computadores infectados são chamados de "zumbis". O criminoso usa essa rede de zumbis para direcionar o tráfego massivo contra o alvo do DDoS.

3.3. Impactos e Defesas Contra DDoS

Ataques DDoS já derrubaram sites de grandes empresas, serviços de e-mail, plataformas de jogos online e até sistemas governamentais, causando prejuízos enormes. Alguns criminosos chegam a pedir resgate para parar o ataque (*DDoS for ransom*).

Como se proteger?

- **Serviços de Mitigação:** Existem empresas especializadas que oferecem serviços para filtrar o tráfego malicioso e absorver o impacto do DDoS.
- **Configuração de Rede:** Firewalls bem configurados e sistemas de gerenciamento de tráfego podem ajudar a bloquear parte das solicitações maliciosas.
- **Planejamento:** Ter capacidade de rede suficiente para lidar

com picos de tráfego.

4. Ransomware: O Sequestro Digital

Esse é um dos tipos de ataque mais temidos hoje em dia.

4.1. Como Funciona o "Sequestro" dos Seus Dados?

Ransomware é um tipo de malware (software malicioso) que, uma vez instalado no seu computador ou rede, **criptografa** (embaralha) todos os seus arquivos importantes – fotos, documentos, planilhas, bancos de dados – tornando-os completamente inacessíveis. Em seguida, os criminosos exibem uma mensagem exigindo o pagamento de um **resgate** (geralmente em criptomoedas, que são mais difíceis de rastrear) para te dar a chave que, supostamente, devolverá seus arquivos ao normal.

Como você pega isso? Pode vir por um anexo de e-mail infectado, ao clicar em um link malicioso, explorando uma falha em um programa desatualizado ou até mesmo por um pen drive infectado.

4.2. Exemplos que Assustaram o Mundo

- **WannaCry (2017):** Se espalhou rapidamente pelo mundo explorando uma falha no Windows, afetando hospitais (imagina o caos!), empresas, universidades... foi um alerta global.
- **NotPetya (2017):** Parecia um ransomware, mas muitos especialistas acreditam que seu objetivo real era simplesmente destruir dados. Causou prejuízos bilionários a grandes corporações.

4.3. Prevenção e O Que Fazer (e Não Fazer!)

- **BACKUP, BACKUP, BACKUP!** Essa é a defesa **mais importante** contra ransomware. Tenha cópias atualizadas dos seus arquivos importantes guardadas em um local separado (HD externo desconectado, nuvem segura). Se você for atacado, pode simplesmente restaurar seus arquivos do backup sem precisar pagar resgate. Teste seus backups regularmente!

- **Atualizações em Dia:** Mantenha seu sistema operacional e programas atualizados para corrigir as falhas que os ransomwares exploram.
- **Educação:** Não clique em anexos ou links suspeitos! Treine sua equipe sobre isso.
- **Antivírus e EDR:** Mantenha boas ferramentas de segurança ativas e atualizadas.
- **Se for Infectado:** Desconecte a máquina da rede IMEDIATAMENTE para evitar que o ransomware se espalhe para outros computadores. Acione a equipe de segurança ou um especialista. **Especialistas geralmente NÃO recomendam pagar o resgate**, pois não há garantia de que você receberá a chave, e isso financia o crime.

5. Golpes e Fraudes Online: O Perigo no Dia a Dia

Além dos ataques mais técnicos, existem muitos golpes visando diretamente nosso dinheiro ou informações financeiras.

5.1. Fraudes Bancárias e Clonagem de Cartão

Criminosos podem roubar dados do seu cartão ou acesso ao banco de várias formas:

- Comprando em sites **sem segurança** (sem o "https" e o cadeado no navegador).
- Usando "chupa-cabras" (*skimmers*) em caixas eletrônicos ou maquininhas de cartão para copiar os dados da tarja magnética ou chip.
- Através de **Phishing Bancário**: criando e-mails ou sites falsos idênticos aos do seu banco para roubar sua senha e token.

Como se proteger?

- **Cartão Virtual:** Use cartões virtuais (gerados pelo app do banco) para compras online, pois eles geralmente têm validade curta ou são para uso único.

- **Verifique o Site:** Sempre confira se o site é seguro (HTTPS e cadeado) antes de colocar dados de pagamento.
- **Olho Vivo:** Desconfie de qualquer coisa estranha em caixas eletrônicos ou maquininhas antes de usar. Cubra o teclado ao digitar a senha.
- **Ative Alertas:** Configure alertas no seu banco para ser notificado sobre transações.

5.2. Pirâmides Financeiras e Golpes com Criptomoedas

- **Pirâmide:** Esquemas que prometem lucros altos e rápidos, mas que dependem de você recrutar mais gente, e não da venda de um produto real. Cedo ou tarde, a base não sustenta o topo e tudo desmorona.
- **Golpes com Cripto:** O mundo das criptomoedas atrai muitos golpistas. Fique atento a ofertas falsas de investimento com lucros garantidos, supostos "airdrops" (distribuição gratuita de moedas) que pedem seus dados, ou carteiras digitais falsas que roubam seus fundos.

Como se proteger?

- **Desconfie de Milagres:** Lucro fácil, rápido e sem risco geralmente não existe.
- **Pesquise:** Antes de investir em qualquer plataforma ou criptomoeda, pesquise sua reputação e entenda como funciona.
- **Proteja Suas Chaves:** Nunca compartilhe suas chaves privadas ou frases de recuperação (*seed phrases*) de carteiras de criptomoedas.

5.3. Fraudes em Compras Online e Marketplaces

- **Vendedores Fantasmas:** Anúncios muito baratos em sites de venda podem ser de golpistas que pegam seu dinheiro e somem sem entregar o produto.
- **Pagamentos Falsos:** Criminosos podem te enviar links de pagamento falsos ou boletos adulterados para desviar seu dinheiro.

Como se proteger?

- **Use Plataformas Seguras:** Prefira comprar em marketplaces conhecidos que oferecem sistemas de pagamento seguros e proteção ao comprador (mediação de disputas, reembolso).
- **Verifique o Vendedor:** Olhe a reputação, comentários de outros compradores e o tempo de conta do vendedor antes de comprar.
- **Pague Dentro da Plataforma:** Nunca aceite fazer pagamentos "por fora" do sistema oficial do marketplace.

6. Ameaças Internas: Quando o Perigo Vem de Dentro

Nem todo ataque vem de fora. Às vezes, o risco está dentro da própria organização. São as **Ameaças Internas** (*Insider Threats*):

6.1. Funcionários Insatisfeitos, Descuidados ou Mal-Intencionados

O perigo interno pode surgir de:

- **Funcionários Insatisfeitos:** Alguém que foi demitido, teve uma promoção negada ou está ressentido pode querer se vingar prejudicando a empresa (apagando dados, vazando informações).
- **Funcionários Descuidados:** Pessoas que, sem querer, por falta de treinamento ou atenção, acabam expondo dados, clicando em links maliciosos ou cometendo erros que abrem brechas de segurança.
- **Abuso de Privilégios:** Colaboradores que têm acesso a informações ou sistemas importantes e usam esse acesso de forma indevida, seja por curiosidade, para benefício próprio ou para vazar dados.

6.2. Exemplos de Incidentes Internos

- Um funcionário copia a lista de clientes antes de sair da empresa para levar para um concorrente.
- Um ex-colaborador descobre que seu acesso aos sistemas da empresa não foi removido após o desligamento e decide

causar algum dano.

6.3. Como Detectar e Prevenir?

- **Controle de Acesso Rigoroso:** Seguir o **Princípio do Menor Privilégio**: cada pessoa só deve ter acesso ao mínimo necessário para realizar seu trabalho, nada mais.
- **Monitoramento:** Acompanhar o que usuários com altos privilégios fazem nos sistemas (através de logs) e usar ferramentas para detectar comportamentos anormais.
- **Processos de RH Claros:** Ter procedimentos bem definidos para conceder acessos quando alguém entra na empresa e, principalmente, para **revogar todos os acessos** imediatamente quando alguém sai.
- **Conscientização Contínua:** Treinar e lembrar constantemente os colaboradores sobre as políticas de segurança, a importância de proteger os dados e as consequências de um incidente.

Concluindo Nossa Exploração das Ameaças

Uau! Vimos quanta coisa existe por aí, não é? Desde ataques que exploram a psicologia humana (engenharia social), passando por sequestro de dados (ransomware), tentativas de derrubar serviços (DDoS), exploração de falhas técnicas, até golpes financeiros e o perigo que pode vir de dentro das próprias organizações.

Entender como esses ataques funcionam é o primeiro e mais importante passo para começar a se defender. As táticas dos criminosos podem mudar e evoluir, mas a base da nossa defesa continua sendo uma combinação de três coisas essenciais:

1. **Consciência e Educação:** Todos que usam a tecnologia precisam entender os riscos.
2. **Boas Práticas:** Adotar hábitos seguros como senhas fortes, manter tudo atualizado, fazer backups, etc..
3. **Políticas e Tecnologias:** Ter regras claras e usar as ferramentas de segurança adequadas para proteger nossa infraestrutura.

No próximo capítulo, vamos mergulhar ainda mais fundo em um dos principais "personagens" dessa história: os **malwares**. Vamos entender os diferentes tipos, como eles se espalham e quais ferramentas usamos para combatê-los. Com esse conhecimento, estaremos ainda mais preparados para encarar os desafios da cibersegurança.

CAPÍTULO 4 – MALWARES E FERRAMENTAS DE ATAQUE

No capítulo passado, nós demos uma olhada nas diversas formas como os cibercriminosos tentam nos atacar, desde explorar a psicologia humana com a engenharia social até derrubar serviços com ataques DDoS. Agora, vamos nos aprofundar em um elemento central que aparece em muitos desses ataques: o **malware**.

O que é isso exatamente? "Malware" é a abreviação de *"malicious software"*, ou seja, **software malicioso**. É qualquer programa de computador criado com a intenção de fazer algo ruim: causar danos, roubar informações, espionar, sequestrar seus dados ou simplesmente te irritar! Entender os diferentes tipos de malware e como eles funcionam é crucial para sabermos como nos defender. Vamos lá?

1. O Mundo dos Malwares: O Básico

1.1. O Que São e Como se Classificam?

Como eu disse, malware é qualquer programa feito para prejudicar. Os danos podem ir desde mostrar propagandas chatas o tempo todo até coisas muito sérias, como roubar senhas do banco, criptografar todos os seus arquivos ou dar controle total do seu computador para um invasor.

Para facilitar o estudo, costumamos classificar os malwares pelo seu **comportamento**, pela **forma como se espalham** e pelos seus **objetivos**:

- **Vírus:** Precisam de um "hospedeiro" (outro arquivo) para se prender e se espalhar.
- **Worms:** Se espalham sozinhos pelas redes, como uma minhoca (daí o nome!).
- **Trojans (Cavalos de Troia):** Se disfarçam de algo útil ou inofensivo, mas escondem funções maliciosas.
- **Spyware:** Espionam o que você faz no computador.
- **Ransomware:** Sequestram seus arquivos e pedem resgate.
- **Adware:** Mostram anúncios indesejados.
- **Rootkits:** Se escondem profundamente no sistema para não serem detectados.
- **Keyloggers:** Gravam tudo o que você digita.
- **Botnets:** Transformam seu computador em um "zumbi" controlado por criminosos.

Vamos ver cada um deles com mais calma daqui a pouco!

1.2. O Ciclo de Vida de um Malware: Do Nascimento à Remoção

Um malware não surge do nada. Ele passa por várias etapas, mais ou menos como um ciclo de vida de uma doença:

1. **Criação (Desenvolvimento):** O criminoso (ou grupo) cria o malware do zero ou modifica um já existente, definindo o que ele vai fazer (roubar dados, criptografar, etc.).
2. **Distribuição (Contágio):** O malware é espalhado por aí. Como? E-mails com anexos infectados, sites maliciosos, pen drives, links em redes sociais... são muitas as formas.
3. **Infecção (A Doença se Instala):** Você clica no link, abre o anexo ou visita o site, e pronto: seu sistema é infectado. O malware se instala, muitas vezes sem você perceber.
4. **Ação (Sintomas):** O malware começa a fazer o que foi programado para fazer: roubar senhas, mostrar anúncios, criptografar arquivos, etc.

5. **Propagação (Espalhando a Doença):** Alguns malwares (como os worms) tentam se espalhar para outros computadores na mesma rede ou pela internet, aumentando o alcance da infecção.

6. **Ocultação (Camuflagem):** Muitos malwares usam truques para se esconderem dos programas antivírus, dificultando sua detecção. Veremos mais sobre isso.

7. **Remoção (A Cura?):** Se tudo der certo, as ferramentas de segurança detectam e removem o malware. Mas nem sempre é fácil, especialmente com os mais avançados.

2. O Zoológico de Malwares: Conhecendo as Espécies

Agora sim, vamos detalhar os tipos mais comuns que mencionei:

2.1. Vírus, Worms e Cavalos de Troia (Trojans)

- **Vírus:** Pense nele como um vírus biológico mesmo. Ele precisa se **anexar a um hospedeiro** para sobreviver e se espalhar – no caso, um arquivo legítimo (um programa .exe, um documento do Word, etc.). Ele **precisa da sua ajuda** para agir: você precisa abrir o arquivo ou executar o programa infectado para que ele comece a fazer estragos (como corromper outros arquivos ou danificar o sistema). Ele se espalha quando você compartilha esses arquivos infectados.

- **Worms (Vermes):** Diferente dos vírus, os worms são **autônomos**. Eles não precisam de um arquivo hospedeiro e **se espalham sozinhos** pelas redes, explorando falhas de segurança (vulnerabilidades) em outros computadores. Um único worm pode infectar milhares de máquinas rapidamente, causando lentidão nas redes ou até tirando serviços do ar pelo excesso de tráfego que geram.

- **Trojans (Cavalos de Troia):** Lembra da história grega do cavalo de madeira? A ideia é a mesma. O Trojan **se disfarça de algo útil ou interessante** (um jogo, um aplicativo, uma atualização) para te convencer a instalá-lo. Uma vez lá dentro, ele abre uma "porta dos fundos" (*backdoor*) no seu sistema, permitindo que o invasor tenha acesso remoto para roubar informações, instalar outros malwares ou controlar seu computador.

2.2. Spyware e Adware: Os Bisbilhoteiros e os Chatôs

- **Spyware (Software Espião):** O nome já diz tudo. Ele fica escondido no seu sistema **espionando suas atividades**: que sites você visita, o que você digita, suas senhas, seus dados pessoais. Essas informações são coletadas e enviadas para o atacante sem que você perceba.
- **Adware (Software de Anúncio):** Esse é mais "chato" do que perigoso na maioria das vezes. Ele fica **exibindo propagandas** o tempo todo, geralmente em janelas pop-up ou banners. O problema é que alguns adwares vão além e também coletam seus hábitos de navegação para direcionar anúncios (o que já é uma invasão de privacidade) ou até vendem essas informações para terceiros.

2.3. Keyloggers: Gravando Cada Tecla

Os **Keyloggers** são um tipo específico de spyware focados em uma única coisa: **registrar tudo o que você digita no teclado**. Usuários, senhas, números de cartão de crédito, mensagens... tudo! Eles podem ser um software instalado no seu sistema ou até mesmo um dispositivo físico conectado entre o teclado e o computador. São extremamente perigosos porque dão acesso direto às suas credenciais mais importantes.

2.4. Botnets: Exércitos de Zumbis Digitais

Já falamos delas no capítulo anterior, mas vale reforçar. **Botnets** são redes enormes de computadores "zumbis" – máquinas que foram infectadas por um malware específico e agora são **controladas remotamente por um "mestre"** (o C&C - Command and Control server). O dono do computador nem desconfia! Essas redes são usadas para realizar ataques em massa, como enviar milhões de e-mails de spam, realizar ataques DDoS gigantescos ou minerar criptomoedas usando o processamento das máquinas infectadas.

3. Além do Malware: Ferramentas e Kits de Ataque

Os criminosos não usam só malwares "prontos". Eles também contam com ferramentas e kits que facilitam seus ataques.

3.1. Exploit Kits: Ataques Automatizados em Sites

Imagine um kit de ferramentas que um ladrão de carros usa para abrir diferentes modelos. Um **Exploit Kit** é parecido: é um conjunto de ferramentas maliciosas que os criminosos escondem em sites (muitas vezes, sites legítimos que foram invadidos). Quando você visita essa página infectada, o kit **automaticamente verifica** se o seu navegador, seus plugins (como Flash ou Java) ou seu sistema operacional têm alguma vulnerabilidade conhecida. Se encontrar uma brecha, ele tenta explorá-la para **instalar um malware silenciosamente** no seu computador, sem que você precise clicar em nada! Kits como Angler, Neutrino e Rig já fizeram muitos estragos por aí.

3.2. Ferramentas de Teste de Invasão (Pentest): A Faca de Dois Gumes

Existem ferramentas poderosíssimas usadas por profissionais de segurança (os *ethical hackers* ou *pentesters*) para testar as defesas das empresas, simulando ataques reais. O problema é que essas mesmas ferramentas podem ser usadas por criminosos para fins maliciosos. Algumas famosas são:

- **Kali Linux:** É uma distribuição do sistema operacional Linux recheada de ferramentas para testes de segurança (pentest).
- **Metasploit Framework:** Uma plataforma que reúne milhares de *exploits* (códigos que exploram vulnerabilidades específicas) prontos para usar. Facilita muito a vida de quem quer testar (ou atacar) sistemas.
- **Nmap:** Uma ferramenta clássica para mapear redes, descobrir quais computadores estão ativos e quais portas estão abertas, sendo um ponto de partida comum para

muitos ataques.

3.3. Scripts e Macros Maliciosos: O Perigo nos Detalhes

Pequenos pedaços de código (*scripts*) podem ser inseridos em páginas da web ou, mais comumente, em **macros** dentro de documentos do Office (Word, Excel). As macros são pequenas automações que podem ser úteis, mas se um criminoso criar uma macro maliciosa e te convencer a habilitá-la (geralmente aparece um aviso de segurança), ela pode baixar outros malwares, roubar dados ou abrir portas no seu sistema. E-mails corporativos com anexos de Office contendo macros infectadas são uma forma muito comum de espalhar malware hoje em dia.

4. Os Mestres da Ocultação: Rootkits e Bootkits

Esses são alguns dos tipos mais sorrateiros e difíceis de lidar.

4.1. O Que São e Como Persistem?

Rootkits são um tipo especial de malware (ou um conjunto de ferramentas) projetados para **obter acesso privilegiado** (nível "root" ou administrador) a um sistema e, principalmente, **esconder sua própria presença** e a de outros malwares que ele possa ter instalado. Eles podem modificar partes essenciais do sistema operacional, alterar logs para apagar rastros e se disfarçar de processos legítimos, tornando a detecção muito difícil. O objetivo principal é garantir que o invasor mantenha o controle do sistema por muito tempo, sem ser descoberto.

4.2. Fugindo do Antivírus: Técnicas de Evasão

Como os rootkits (e outros malwares avançados) tentam enganar as ferramentas de segurança?

- **Ofuscação de Código:** Embaralham ou criptografam partes do seu próprio código para que as "assinaturas" conhecidas pelos antivírus não batam.
- **Mudança de Assinatura (Polimorfismo/Metamorfismo):** Alteram pequenas partes do seu código a cada nova infecção,

para que as ferramentas que usam *hash* (uma espécie de impressão digital do arquivo) não os reconheçam.

- **Vivendo da Terra (Living off the Land):** Usam ferramentas e processos legítimos que já existem no próprio sistema operacional para realizar suas ações maliciosas, dificultando a distinção entre atividade normal e ataque.

4.3. Bootkits e Exemplos Famosos

Os **Bootkits** são um tipo ainda mais perigoso de rootkit. Eles infectam o processo de **inicialização** do computador (o *Master Boot Record* - MBR, ou áreas mais novas como UEFI), ou seja, eles começam a rodar **antes mesmo do sistema operacional carregar!** Isso os torna extremamente difíceis de detectar e remover.

Exemplos que marcaram época:

- **Stuxnet (2010):** Embora mais complexo que um simples rootkit, usou técnicas avançadas de evasão e foi um dos primeiros a mirar sistemas de controle industrial (SCADA).
- **TDL-4 (Alureon):** Um bootkit famoso que infectava o MBR para garantir sua execução a cada inicialização do sistema.

Esses casos mostram o quão profundo um malware pode se infiltrar, tornando a limpeza completa um desafio enorme.

5. A Defesa Contra-Ataca: Detecção e Remediação

Ok, conhecemos os vilões. Como podemos nos defender e nos livrar deles?

5.1. Antivírus, EDR e XDR: A Evolução da Proteção

1. **Antivírus Tradicional:** É a ferramenta básica. Ele compara os arquivos do seu computador com uma lista de "assinaturas" de malwares conhecidos e usa algumas regras simples (heurísticas) para tentar pegar ameaças novas. É eficaz contra coisas mais antigas, mas muitas vezes falha contra ataques mais modernos e *zero-day*.

2. **EDR (Endpoint Detection and Response):** É um

passo além. O EDR não olha só para os arquivos, mas **monitora o comportamento** do que está acontecendo no seu computador (o *endpoint*) em tempo real. Se um processo desconhecido começa a criptografar centenas de arquivos de repente (comportamento típico de ransomware), o EDR pode detectar essa anomalia e agir. Ele também permite que a equipe de segurança investigue e responda ao incidente mais rapidamente.

3.   **XDR (Extended Detection and Response):** É a evolução do EDR. O "X" significa "estendido". Ele **amplia a visão**, coletando e correlacionando informações não só do endpoint, mas também da rede, da nuvem, do e-mail, etc. Isso ajuda a ter uma visão mais completa de ataques complexos que se movem por diferentes partes da infraestrutura.

5.2. Sandboxing: Testando em Ambiente Seguro

Uma **Sandbox** (caixa de areia) é como um laboratório seguro e isolado. As ferramentas de segurança podem pegar um arquivo ou link suspeito e executá-lo dentro dessa sandbox. Se o arquivo tentar fazer algo malicioso (como modificar arquivos do sistema ou se conectar a servidores suspeitos), a sandbox detecta esse comportamento sem que seu sistema real seja afetado. Muitas empresas de segurança e provedores de e-mail usam sandboxing para analisar anexos antes de entregá-los aos usuários.

5.3. Boas Práticas: Mantendo a Casa Limpa

Além das ferramentas, algumas práticas são essenciais:

- **Mantenha Tudo Atualizado:** Já falamos, mas vale repetir: sistemas operacionais, navegadores, aplicativos... atualize sempre! Isso fecha as portas para muitos malwares.
- **Scans Regulares:** Configure seu antivírus/EDR para fazer varreduras completas periodicamente.
- **Isolamento:** Se suspeitar que uma máquina foi infectada, desconecte-a da rede imediatamente antes de tentar limpar, para evitar que o problema se espalhe.

- **Formatação (Último Recurso):** Em casos de infecção grave, especialmente por rootkits ou bootkits, a única garantia de limpeza total pode ser formatar o disco rígido e reinstalar tudo do zero, restaurando seus arquivos de um backup confiável (e limpo!).

- **Menor Privilégio:** Não use contas de administrador para tarefas do dia a dia. Se sua conta de usuário normal for infectada, o malware terá menos poder para causar estragos no sistema.

Concluindo Nosso Tour pelo Zoológico Malware

Neste capítulo, nós exploramos o universo dos malwares. Vimos os diferentes tipos (vírus, worms, trojans, spyware, ransomware, etc.), como eles funcionam e se espalham. Também conhecemos as ferramentas e kits que os criminosos (e os mocinhos!) usam para explorar vulnerabilidades, e vimos como alguns malwares, como os rootkits, são mestres em se esconder.

Felizmente, também vimos que as defesas evoluíram, desde os antivírus tradicionais até soluções mais inteligentes como EDR e XDR, além de técnicas como sandboxing. Combinando essas ferramentas com boas práticas de atualização e higiene digital, podemos aumentar bastante nossa resistência.

Agora que entendemos melhor os malwares, no próximo capítulo vamos focar em como proteger os diferentes "ambientes" onde eles podem atacar: nossas redes, nossos computadores, servidores, celulares e até mesmo os serviços que usamos na nuvem. Vamos construir nossas defesas!

CAPÍTULO 5 – PROTEGENDO INFRAESTRUTURAS E DISPOSITIVOS

No capítulo anterior, fizemos um verdadeiro tour pelo mundo dos malwares e das ferramentas de ataque. Agora, vamos mudar o foco: como podemos **proteger** nossos sistemas, redes e dispositivos contra essas ameaças?

Neste capítulo, vamos explorar as melhores práticas para proteger as diferentes partes da nossa infraestrutura digital. Pense nisso como construir as muralhas, os portões, as torres de vigia e as salas seguras da nossa fortaleza digital. Abordaremos desde a segurança das "estradas" (redes), passando pelos "portões de entrada" (nossos computadores e celulares), os "cofres" (servidores e data centers), os "territórios alugados" (a nuvem) e até os novos "gadgets" conectados (Internet das Coisas - IoT). Vamos lá?

1. Segurança das Estradas: Protegendo Nossas Redes

A rede é como o sistema circulatório que conecta tudo em uma empresa ou mesmo na nossa casa. Se as estradas não forem seguras, os "bandidos" (hackers) podem andar livremente, acessando lugares que não deveriam e comprometendo nossos dados e sistemas. Como podemos proteger essas estradas?

1.1. Dividir para Conquistar: Segmentação de Rede e VLANs

Imagine um prédio enorme e totalmente aberto por dentro. Se um ladrão entrar, ele pode ir a qualquer lugar. Agora, imagine esse mesmo prédio dividido em apartamentos, cada um com sua própria porta trancada. Fica muito mais difícil para o ladrão se mover, certo?

- **Segmentação de Rede:** A ideia é essa: dividir a rede grande da empresa em partes menores e isoladas (sub-redes). Por exemplo, podemos ter uma rede separada para os computadores dos funcionários, outra para os visitantes (Wi-Fi de convidados), outra para os servidores importantes, outra para o time de desenvolvimento, etc.

  - **Benefício Principal:** Se um invasor conseguir comprometer um segmento (um apartamento), ele terá muito mais dificuldade para acessar os outros segmentos da rede. Isso limita o dano!
  - **Controle:** Cada segmento pode ter suas próprias regras de segurança (quem pode acessar o quê), minimizando os movimentos laterais do atacante.

- **VLANs (Virtual LANs):** São uma forma técnica de fazer essa segmentação. Mesmo que vários computadores estejam fisicamente conectados no mesmo equipamento (switch), podemos configurá-los para pertencerem a redes virtuais (lógicas) diferentes, como se estivessem em "prédios" separados.

  - **Vantagens:** Além da segurança, as VLANs podem melhorar o desempenho da rede e facilitar a aplicação de políticas de segurança específicas para cada grupo de usuários ou dispositivos.

1.2. Os Guardiões da Rede: Firewalls (Tradicionais, NGFW e WAFs)

O **Firewall** é o porteiro ou o segurança na entrada da nossa rede (ou entre segmentos dela). Ele monitora o tráfego que entra e sai, decidindo o que pode passar e o que deve ser bloqueado, com base em regras que definimos. Existem diferentes tipos:

- **Firewalls Tradicionais:** São os mais básicos. Eles olham principalmente para endereços (IPs), portas (como a porta 80 para web) e protocolos para tomar decisões. É como um segurança que só verifica o crachá.

- **Firewalls de Próxima Geração (NGFW):** São mais inteligentes. Além de olhar o básico, eles conseguem inspecionar o *conteúdo* dos pacotes de dados (Deep Packet Inspection - DPI), identificar qual aplicativo está gerando aquele tráfego (Facebook, YouTube, etc.), bloquear ameaças mais específicas e até trabalhar em conjunto com outras ferramentas de segurança. É um segurança que, além do crachá, também inspeciona a mochila!

- **WAF (Web Application Firewall):** Esse é um segurança especializado em proteger **aplicações web** (sites, lojas online, portais). Ele analisa as requisições que chegam ao servidor web e bloqueia ataques comuns como *SQL Injection* e *Cross-Site Scripting (XSS)*, que tentam explorar falhas no código do site. É essencial para quem tem serviços online.

1.3. Os Vigilantes Atentos: IDS e IPS

Além dos porteiros (firewalls), precisamos de vigilantes que fiquem de olho no que acontece *dentro* da rede ou nos próprios computadores:

- **IDS (Intrusion Detection System - Sistema de Detecção de Intrusão):** É como um sistema de alarme. Ele monitora o tráfego e as atividades em busca de padrões suspeitos ou assinaturas de ataques conhecidos. Se ele detecta algo, ele **alerta** a equipe de segurança, mas **não bloqueia** o ataque sozinho.

- **IPS (Intrusion Prevention System - Sistema de Prevenção de Intrusão):** É um vigilante mais proativo. Ele também detecta as ameaças, mas, além disso, ele **tenta bloquear ou isolar** o tráfego malicioso em tempo real, antes que cause mais danos.

Muitas soluções modernas combinam as duas funções (IDS/IPS) em uma única plataforma.

2. Protegendo os Portões de Entrada: Segurança de Endpoints

Os **Endpoints** são os dispositivos finais que usamos para acessar a rede: nossos desktops, notebooks, celulares, tablets. Eles são como os portões de entrada da nossa fortaleza e, muitas vezes, são os alvos preferidos dos atacantes, especialmente agora com tanta gente trabalhando de casa.

2.1. Blindando Nossos Dispositivos

Algumas medidas são essenciais:

- **Antivírus/EDR:** Ter uma boa solução de segurança instalada e **atualizada** é o mínimo! Como vimos no capítulo anterior, as soluções de EDR (Endpoint Detection and Response) são mais avançadas que os antivírus tradicionais, pois monitoram o comportamento do sistema.
- **Criptografia de Disco:** Se seu notebook ou celular for roubado ou perdido, a criptografia de disco (como o BitLocker no Windows ou o FileVault no Mac) impede que alguém acesse seus arquivos, mesmo que retire o HD ou SSD. É fundamental para dispositivos móveis!
- **Senhas Fortes e Biometria:** Use senhas complexas ou, melhor ainda, biometria (impressão digital, reconhecimento facial) para desbloquear seus dispositivos.

2.2. A Missão Crítica: Gerenciamento de Patches e Atualizações

Já falamos disso, mas não custa repetir: **manter tudo atualizado é crucial!** As atualizações (*patches*) corrigem as falhas de segurança que os criminosos adoram explorar.

- **Atualize Sempre:** Instale as atualizações do sistema operacional (Windows, macOS, Linux, Android, iOS) e dos seus aplicativos (navegador, Office, etc.) assim que elas estiverem disponíveis.
- **Patch Management Centralizado:** Para empresas, gerenciar

as atualizações de dezenas ou centenas de máquinas pode ser um desafio. Existem ferramentas de *Patch Management* que automatizam e controlam esse processo, garantindo que todos os dispositivos estejam protegidos.

2.3. BYOD e MDM: Gerenciando o Caos Controlado

- **BYOD (Bring Your Own Device):** É quando a empresa permite que os funcionários usem seus próprios celulares ou notebooks para trabalhar. Isso traz flexibilidade, mas também aumenta os riscos, pois a empresa tem menos controle sobre a segurança desses dispositivos pessoais.
- **MDM (Mobile Device Management):** São softwares que ajudam a empresa a gerenciar e aplicar políticas de segurança nos dispositivos móveis, sejam eles da empresa ou pessoais (no modelo BYOD). Com o MDM, a empresa pode, por exemplo, exigir senhas mais fortes, configurar a rede Wi-Fi corporativa, impedir a instalação de aplicativos perigosos e até apagar os dados do dispositivo remotamente em caso de perda ou roubo.

3. Guardando os Tesouros: Segurança em Servidores e Data Centers

Os servidores são os computadores poderosos onde ficam armazenados os dados mais importantes e rodam as aplicações críticas das empresas. Muitas vezes, eles ficam em salas especiais chamadas Data Centers. Proteger esses "cofres" é vital.

3.1. Deixando Tudo Mais Resistente: Hardening

Hardening é o processo de "endurecer" um sistema (servidor, sistema operacional, aplicação), tornando-o mais resistente a ataques. Como?

- Removendo tudo o que não é essencial (programas, serviços, portas de rede abertas).
- Aplicando configurações de segurança rigorosas.
- Instalando todas as atualizações.

- Seguindo o **Princípio do Menor Privilégio**: contas de serviço e usuários devem ter apenas as permissões mínimas necessárias para funcionar, nada mais.

3.2. Virtualização e Containers: Segurança em Camadas

Hoje em dia, é muito comum usar virtualização e containers:

- **Máquinas Virtuais (VMs):** Permitem rodar vários "computadores virtuais" (com sistemas operacionais diferentes) dentro de um único servidor físico. Isso otimiza o uso de hardware, mas exige cuidados extras para proteger o *hypervisor* (o software que gerencia as VMs) e garantir que uma VM não interfira na outra.
- **Containers (Docker, Kubernetes):** São uma forma ainda mais leve de isolar aplicações. Eles compartilham o mesmo sistema operacional do "hospedeiro", mas rodam em ambientes isolados. A segurança aqui envolve usar imagens de container confiáveis, mantê-las atualizadas, configurar redes isoladas para eles e restringir o acesso ao sistema hospedeiro.

3.3. Preparado para o Pior: Resiliência e Redundância

Falhas acontecem. Ataques acontecem. Por isso, a infraestrutura crítica precisa ser resiliente:

- **Alta Disponibilidade:** Ter sistemas redundantes. Se um servidor principal falhar, um servidor reserva assume automaticamente (*failover*), garantindo que o serviço continue funcionando.
- **Redundância Física:** Ter fontes de energia alternativas (nobreaks, geradores) e múltiplos links de internet para evitar que uma única falha paralise tudo.
- **Backups e Recuperação de Desastres:** Fazer backups regulares (e testá-los!), ter cópias em locais diferentes (backup *off-site*) e possuir um Plano de Recuperação de Desastres (DRP) e um Plano de Continuidade de Negócios (BCP) bem definidos para saber como agir em caso de um

problema grave.

4. Segurança na Nuvem: Confiando (Mas Verificando!) em Terceiros

Cada vez mais, usamos serviços de **Computação em Nuvem** (Cloud Computing). Isso significa que nossos dados e aplicações rodam em servidores de empresas como Amazon (AWS), Microsoft (Azure) ou Google (GCP). É prático, mas como fica a segurança?

4.1. Quem é Responsável Pelo Quê? Modelos e Responsabilidade Compartilhada

Existem diferentes modelos de serviço na nuvem, e a responsabilidade pela segurança muda em cada um:

- **IaaS (Infrastructure as a Service):** Você "aluga" a infraestrutura básica (servidores virtuais, rede, armazenamento). O provedor cuida da segurança *física* do data center, mas **você** é responsável por proteger o sistema operacional, as configurações de rede, as aplicações e os dados que colocar lá. (Ex: AWS EC2, Azure VMs). Pense em alugar um terreno vazio: você constrói e protege sua casa.
- **PaaS (Platform as a Service):** O provedor oferece uma plataforma pronta para você desenvolver e rodar suas aplicações (ex: banco de dados, ambiente de programação). Ele cuida da infraestrutura e do sistema operacional da plataforma, mas **você** ainda é responsável pela segurança das suas aplicações e dos seus dados. (Ex: Heroku, Google App Engine). Pense em alugar um apartamento mobiliado: a estrutura está lá, mas você cuida das suas coisas e da porta de entrada.
- **SaaS (Software as a Service):** O provedor entrega o software pronto para usar pela internet (ex: Gmail, Office 365, Salesforce). O provedor cuida de quase toda a segurança (infraestrutura, sistema, aplicação), mas **você** ainda é responsável por configurar corretamente o acesso dos usuários, gerenciar senhas e proteger os dados que inserir no

serviço. Pense em se hospedar em um hotel: o hotel cuida da segurança do prédio, mas você cuida da chave do seu quarto e das suas malas.

O ponto chave é o **Modelo de Responsabilidade Compartilhada**: o provedor de nuvem é responsável pela "segurança **DA** nuvem" (a infraestrutura deles), e você (o cliente) é responsável pela "segurança **NA** nuvem" (o que você coloca e configura lá dentro). É fundamental entender essa divisão!

4.2. Criptografando na Nuvem: Em Trânsito e Em Repouso

Assim como fora da nuvem, a criptografia é essencial:

- **Dados em Trânsito:** Use conexões seguras (TLS/SSL, ou seja, HTTPS) sempre que acessar serviços na nuvem. Se precisar conectar sua rede local à nuvem, use VPNs.
- **Dados em Repouso:** Configure a criptografia para os dados armazenados nos serviços de nuvem (ex: criptografar os discos das VMs, os bancos de dados, os arquivos em serviços de armazenamento).
- **Gerenciamento de Chaves:** Use os serviços de gerenciamento de chaves oferecidos pelos provedores (como AWS KMS, Azure Key Vault) para proteger as chaves de criptografia de forma segura.

4.3. Configurações Seguras: A Chave da Segurança na Nuvem

Muitos incidentes de segurança na nuvem acontecem não por falha do provedor, mas por **erros de configuração** do cliente! Atenção a:

- **Gerenciamento de Identidade e Acesso (IAM):** Crie usuários e grupos com as **permissões mínimas necessárias** (lembram do menor privilégio?). Evite usar a conta "root" ou administrador principal para tarefas do dia a dia. Use autenticação multifator!
- **Monitoramento e Logs:** Habilite os logs de auditoria e monitore as atividades na sua conta da nuvem. Configure

alertas para atividades suspeitas.

- **Segurança de Rede na Nuvem:** Configure corretamente os "firewalls da nuvem" (Security Groups, Network Security Groups) para permitir acesso apenas pelas portas e IPs necessários. Use WAFs para proteger aplicações web rodando na nuvem.

- **Plano de Resposta:** Tenha um plano específico para responder a incidentes que ocorram nos seus recursos em nuvem.

5. O Velho Oeste Digital? A Internet das Coisas (IoT)

Chegamos aos dispositivos IoT: câmeras, sensores, lâmpadas, relógios, assistentes virtuais... tudo conectado. Isso traz conveniência, mas também uma explosão na superfície de ataque.

5.1. Os Riscos dos Dispositivos Conectados

Por que a IoT é um desafio tão grande para a segurança?

- **Sem Atualizações:** Muitos dispositivos IoT baratos simplesmente não recebem atualizações de segurança, ou o processo é muito complicado.

- **Senhas Padrão:** É incrivelmente comum que esses aparelhos venham com senhas de fábrica fáceis de adivinhar (como "admin"/"admin") e os usuários nunca as trocam!

- **Acesso Remoto Inseguro:** Muitos ficam diretamente acessíveis pela internet, permitindo que invasores tomem controle de câmeras, termostatos ou até fechaduras inteligentes.

5.2. Boas Práticas para Proteger sua IoT

O que podemos fazer?

- **TROQUE AS SENHAS PADRÃO!** Primeira coisa a fazer ao instalar um dispositivo IoT. Crie senhas fortes e únicas para cada um.

- **Segregue a Rede:** Se possível, coloque seus dispositivos IoT em uma rede Wi-Fi separada (uma VLAN ou rede de convidados) da sua rede principal onde estão seus computadores com dados importantes. Assim, se um dispositivo IoT for invadido, o estrago fica contido.

- **Atualize Quando Possível:** Verifique se o fabricante oferece atualizações de firmware e instale-as.
- **Desabilite o Que Não Usa:** Se o dispositivo tem funcionalidades ou portas de rede que você não precisa, desabilite-as.

5.3. Exemplos Reais e Mitigação

- **Mirai Botnet (2016):** Uma botnet gigantesca formada por câmeras IP e roteadores invadidos porque usavam senhas padrão. Foi usada para realizar alguns dos maiores ataques DDoS da história. A mitigação? Trocar senhas e atualizar firmware.
- **Ataques a Assistentes Virtuais:** Hackers podem tentar explorar falhas em smart speakers (como Alexa ou Google Home) para ouvir conversas ou controlar outros dispositivos da casa. Mitigação? Usar senhas seguras nas contas associadas, revisar permissões e configurações de privacidade.

Concluindo a Construção das Nossas Defesas

Neste capítulo, fizemos um tour pelas principais áreas que precisamos proteger: nossas redes, nossos dispositivos (endpoints), nossos servidores e data centers, os serviços que usamos na nuvem e até os pequenos aparelhos da Internet das Coisas.

Vimos que a ideia principal é sempre criar **camadas de defesa** (defesa em profundidade), combinando diferentes tecnologias e boas práticas, desde segmentar a rede e usar firewalls até manter tudo atualizado e configurar corretamente os acessos.

Uma ferramenta que apareceu em várias dessas áreas como fundamental para proteger a confidencialidade e a integridade dos nossos dados foi a **criptografia**. No próximo capítulo, vamos mergulhar fundo nela! Entenderemos como ela funciona, os diferentes tipos, como gerenciamos as chaves e por que ela é tão essencial no mundo digital de hoje.

CAPÍTULO 6 – CRIPTOGRAFIA E PROTEÇÃO DE DADOS

No último capítulo, nós focamos em construir as defesas da nossa "fortaleza digital", protegendo redes, computadores, servidores e até a nuvem. Você deve ter notado que uma palavra apareceu algumas vezes como uma ferramenta essencial para isso: **criptografia**. É sobre ela que vamos conversar agora!

A criptografia é a arte (e ciência!) de **embaralhar** uma informação de forma que ela se torne ilegível para quem não tem a "chave secreta" para desembaralhá-la. Ela é a base para garantir a **confidencialidade** (manter segredo), a **integridade** (garantir que não foi alterada) e até a **autenticidade** (saber quem enviou) das nossas informações, seja quando elas estão guardadas (*em repouso*) ou viajando pela internet (*em trânsito*). Vamos desvendar juntos como essa "mágica" funciona?

1. Os Fundamentos da Mágica: Entendendo a Criptografia

1.1. Chaves Secretas e Chaves Públicas: Criptografia Simétrica vs. Assimétrica

Existem duas formas principais de embaralhar e desembaralhar informações:

1. **Criptografia Simétrica (A Chave Única):**

   - Imagine que você tem um cadeado e uma chave. Você usa a **mesma chave** para trancar e para destrancar o cadeado. A criptografia simétrica funciona assim: usa-se a mesma chave secreta (uma sequência de bits) tanto para criptografar (embaralhar) a mensagem quanto para descriptografar (desembaralhar).

- o **Algoritmos Famosos:** O mais usado hoje é o **AES** (Advanced Encryption Standard). Outros como DES e 3DES são mais antigos.

- o **Vantagem:** É muito rápida, ótima para criptografar grandes volumes de dados.

- o **Desafio:** Como compartilhar a chave secreta de forma segura com a pessoa que precisa descriptografar a mensagem? Se alguém interceptar a chave no caminho, já era.

2. **Criptografia Assimétrica (O Par de Chaves):**

- o Aqui a coisa fica mais interessante! Em vez de uma chave, usamos **duas chaves diferentes** que formam um par: uma **chave pública** (que pode ser distribuída para qualquer pessoa, sem problema) e uma **chave privada** (que deve ser mantida em absoluto segredo pelo dono).

- o **Como Funciona:** O que for criptografado com a chave pública só pode ser descriptografado com a chave privada correspondente. E o inverso também vale: o que for "assinado" (veremos isso) com a chave privada só pode ser verificado com a chave pública.

- o **Analogia:** Pense em uma caixa de correio. Qualquer um pode colocar uma carta (criptografar) pela fenda (chave pública), mas só você, com a chave da caixa (chave privada), pode abrir e ler as cartas (descriptografar).

- o **Algoritmos Famosos: RSA** e **ECC** (Elliptic Curve Cryptography) são os mais conhecidos.

- o **Vantagem:** Resolve o problema da troca de chaves da simétrica! Ótima para garantir autenticidade (assinaturas digitais) e para iniciar uma comunicação segura.

- o **Desvantagem:** É bem mais lenta que a simétrica.

3. **O Melhor dos Dois Mundos:** Na prática, usamos as duas juntas! Por exemplo, quando você acessa um site seguro (HTTPS), seu navegador e o servidor usam a criptografia **assimétrica** (mais lenta, mas segura para troca inicial) para negociar e compartilhar uma chave **simétrica** temporária. Depois, toda a comunicação durante aquela sessão é criptografada com essa chave **simétrica** (muito mais rápida). Inteligente, né?

1.2. Impressões Digitais e Assinaturas: Hashing e Assinaturas Digitais

Além de embaralhar, a criptografia nos ajuda a garantir a integridade e a autenticidade:

- **Hashing (A Impressão Digital dos Dados):**

  - Uma função de *hash* pega uma informação de qualquer tamanho (um texto, um arquivo, etc.) e gera um "resumo" ou "impressão digital" de tamanho fixo, chamado **hash**.
  - **Características:**
    1. É **unidirecional:** A partir do hash, é impossível (ou computacionalmente muito difícil) descobrir a informação original. Não é para esconder, é para verificar!
    2. **Sensível a Mudanças:** Qualquer pequena alteração na informação original gera um hash completamente diferente.
  - **Para que Serve?** Principalmente para verificar a **integridade**. Se você baixa um arquivo e calcula o hash dele, pode comparar com o hash original fornecido pelo site. Se os hashes baterem, você sabe que o arquivo não foi alterado ou corrompido no download.
  - **Algoritmos:** SHA-256, SHA-512 são seguros hoje. Evite MD5 e SHA-1, que já foram "quebrados" (é possível

encontrar duas mensagens diferentes com o mesmo hash, o que é chamado de colisão).

- **Assinaturas Digitais (Garantindo Quem e O Quê):**

  - Combinam *hashing* e criptografia *assimétrica* para garantir duas coisas:
    1. **Autenticidade:** Confirma quem realmente enviou a mensagem ou documento.
    2. **Integridade:** Verifica se a mensagem não foi alterada depois de assinada.
  - **Como Funciona (Simplificado):**
    1. Calcula-se o *hash* da mensagem.
    2. O remetente criptografa esse *hash* com sua **chave privada**. Isso é a assinatura digital.
    3. A mensagem original + a assinatura digital são enviadas.
    4. O destinatário usa a **chave pública** do remetente para descriptografar a assinatura, obtendo o hash original.
    5. Ele calcula o hash da mensagem recebida.
    6. Se os dois hashes (o descriptografado da assinatura e o calculado da mensagem) forem iguais, significa que a mensagem é autêntica (veio de quem tem a chave privada correspondente) e íntegra (não foi alterada).
  - É como reconhecer a assinatura de alguém em um documento e verificar se não há rasuras.

1.3. Os "Cartões de Identidade" Digitais: Certificados Digitais e PKI

Como saber se a chave pública que você está usando para verificar uma assinatura ou iniciar uma conexão segura pertence mesmo à pessoa ou site que você pensa?

- **Certificados Digitais:** São como "RG" ou "CNPJ" eletrônicos. Eles vinculam uma identidade (de uma pessoa, empresa, servidor web) a uma **chave pública**.

- **Autoridade Certificadora (CA):** Quem emite esses certificados? Uma entidade confiável chamada Autoridade Certificadora (CA). A CA verifica a identidade do solicitante antes de emitir o certificado, garantindo que aquela chave pública pertence mesmo a ele. O cadeado que aparece no seu navegador quando você acessa um site HTTPS indica que o navegador confia na CA que emitiu o certificado daquele site.

- **PKI (Public Key Infrastructure - Infraestrutura de Chaves Públicas):** É todo o sistema por trás dos certificados: as CAs, as políticas para emissão e revogação de certificados, os padrões técnicos, etc. É a PKI que cria a confiança necessária para que possamos usar chaves públicas e certificados em escala global.

2. Criptografia em Ação: Protocolos de Segurança

Vimos os conceitos, agora vamos ver onde eles são usados no nosso dia a dia:

2.1. Navegação Segura: TLS/SSL e HTTPS

- **SSL (Secure Sockets Layer)** e seu sucessor **TLS (Transport Layer Security)** são os protocolos que criam um canal seguro e criptografado entre o seu navegador e o servidor do site que você está visitando.

- **HTTPS (HyperText Transfer Protocol Secure):** É simplesmente o protocolo HTTP (que usamos para navegar na web) rodando **sobre** uma camada segura de TLS/SSL. Você sabe que está usando HTTPS quando vê o **cadeado** na barra de endereço do navegador e o endereço começa com https://.

- **Por que é Vital?** O HTTPS garante que ninguém no meio do caminho (por exemplo, na rede Wi-Fi pública que você está usando) consiga ler ou modificar as informações que você troca com o site, como senhas, dados de cartão de crédito ou mensagens. **Sempre** verifique o cadeado antes de inserir dados sensíveis!

2.2. Protegendo E-mails e Arquivos: PGP/GPG

- **PGP (Pretty Good Privacy):** Foi um dos pioneiros na criptografia de e-mails e arquivos para o público geral, combinando criptografia simétrica e assimétrica.

- **GPG (GNU Privacy Guard):** É uma implementação livre e gratuita do padrão OpenPGP (derivado do PGP original). Permite que você criptografe e/ou assine digitalmente seus e-mails e arquivos, garantindo confidencialidade e autenticidade.

2.3. O Túnel Secreto: VPNs (Virtual Private Networks)

- Uma **VPN** cria um "túnel" seguro e criptografado entre o seu dispositivo e um servidor VPN (ou a rede da sua empresa). Todo o seu tráfego de internet passa por dentro desse túnel.

- **Para que Serve?**
  - **Trabalho Remoto Seguro:** Permite que funcionários acessem a rede interna da empresa de forma segura, como se estivessem no escritório.
  - **Proteção em Wi-Fi Público:** Ao usar uma VPN em uma rede Wi-Fi de cafeteria ou aeroporto, você protege seus dados de bisbilhoteiros na mesma rede.
  - **Privacidade:** Pode mascarar seu endereço IP real, dificultando o rastreamento da sua localização e atividades.

- Existem vários protocolos de VPN (OpenVPN, IPsec, WireGuard).

3. Gerenciando as Chaves do Reino

Ter chaves criptográficas fortes é só metade da batalha. Gerenciá-las corretamente é igualmente crucial.

3.1. O Ciclo de Vida das Chaves

As chaves não duram para sempre. Elas têm um ciclo de vida:

1. **Geração:** Criar chaves fortes, usando algoritmos seguros e tamanhos adequados (ex: RSA 2048 bits ou mais, AES

128/256 bits).

2. **Distribuição:** Entregar a chave de forma segura para quem precisa (no caso de chaves simétricas) ou publicar a chave pública (assimétricas).
3. **Uso:** Utilizar a chave para criptografar, descriptografar, assinar ou verificar.
4. **Rotação:** Substituir as chaves periodicamente (ex: a cada ano). Isso limita o estrago caso uma chave seja comprometida.
5. **Revogação/Expiração:** Se uma chave for comprometida ou atingir seu prazo de validade, ela precisa ser invalidada (revogada).
6. **Destruição Segura:** Quando uma chave não for mais necessária, ela deve ser destruída de forma que não possa ser recuperada.

3.2. O Papel das Autoridades Certificadoras (CAs)

Como vimos, as CAs são as entidades de confiança que emitem, gerenciam e revogam os certificados digitais que ligam identidades a chaves públicas. Elas seguem regras rigorosas para garantir a validade desse processo. Existem CAs comerciais (VeriSign, Comodo, etc.), governamentais e até gratuitas (como a Let's Encrypt, muito usada para certificados de sites).

3.3. Boas Práticas de Gerenciamento de Chaves

- **Rote Regularmente:** Não use a mesma chave para sempre, especialmente chaves importantes.
- **Armazene com Segurança:** Chaves privadas muito sensíveis devem ser protegidas em locais seguros, como **HSMs (Hardware Security Modules)** – dispositivos físicos ultra-seguros – ou serviços de cofre de chaves na nuvem (AWS KMS, Azure Key Vault). Nunca deixe chaves privadas "soltas" em código ou arquivos de configuração!
- **Separe Funções:** Quem gera a chave não deve ser o mesmo que a usa ou armazena, se possível. Isso reduz riscos.

4. Protegendo Dados Pessoais: Leis e Ferramentas (LGPD/GDPR)

A criptografia também tem um papel fundamental na proteção de dados pessoais, algo que se tornou uma exigência legal em muitos lugares.

4.1. As Leis Pegaram: LGPD, GDPR e Outras

- **LGPD (Lei Geral de Proteção de Dados):** É a lei brasileira (Lei nº 13.709/2018) que regula como empresas e órgãos públicos podem coletar, usar, armazenar e compartilhar dados pessoais (qualquer informação que identifique alguém).
- **GDPR (General Data Protection Regulation):** É a lei europeia, muito similar à LGPD, que protege dados de cidadãos europeus.
- **O que elas Exigem (em resumo):** Transparência, consentimento do titular dos dados, medidas de segurança para proteger os dados e notificações obrigatórias em caso de vazamento. As multas por descumprimento podem ser altíssimas.

4.2. Evitando Vazamentos: DLP (Data Loss Prevention)

DLP significa Prevenção à Perda de Dados. São ferramentas e processos que tentam **impedir que informações sensíveis saiam da empresa** de forma indevida (seja por acidente ou de propósito). Elas podem monitorar:

- **Rede:** O tráfego que sai da empresa, procurando por padrões como números de cartão de crédito.
- **Endpoint:** O que os usuários fazem nos seus computadores (tentativas de copiar dados para USB, enviar por e-mail).
- **Nuvem:** Os dados armazenados em serviços de nuvem.

4.3. Criptografia, Anonimização e Pseudonimização na Prática

Como a criptografia e outras técnicas ajudam a cumprir essas leis?

- **Criptografar Dados Sensíveis:** Se dados pessoais (como CPF, dados de saúde) estiverem armazenados de forma criptografada, mesmo que ocorra um vazamento, a informação será inútil para o invasor (desde que ele não tenha a chave!). Isso pode reduzir (mas não eliminar) as penalidades legais.

- **Anonimização:** É o processo de **remover ou alterar** os dados de forma que seja **impossível** identificar a quem eles pertenciam originalmente. Por exemplo, remover nomes e CPFs de um relatório, deixando apenas dados estatísticos. Dados anonimizados não são considerados dados pessoais pela LGPD/GDPR.

- **Pseudonimização:** É uma técnica intermediária. Os dados que identificam a pessoa são **substituídos por um código** ou identificador artificial (um "pseudônimo"). A informação original que permite reverter o processo (ligar o código de volta à pessoa) é mantida separada e segura. É mais flexível que a anonimização, mas ainda exige cuidados de segurança.

5. O Futuro (e os Desafios) da Criptografia

A criptografia não é estática, ela enfrenta desafios e evolui constantemente.

5.1. A Ameaça Quântica: Criptografia Pós-Quântica

- **O Problema:** Computadores quânticos, quando se tornarem poderosos o suficiente, prometem ser capazes de quebrar muitos dos algoritmos de criptografia *assimétrica* que usamos hoje (como RSA e ECC) em um tempo muito curto. Isso quebraria a segurança de muita coisa na internet!

- **A Solução (em andamento):** A **Criptografia Pós-Quântica (PQC)** é a área de pesquisa que busca criar novos algoritmos (baseados em problemas matemáticos diferentes, como reticulados) que sejam resistentes a ataques tanto de computadores clássicos quanto quânticos. Institutos como o NIST (nos EUA) estão trabalhando para padronizar esses novos algoritmos. A migração para PQC será um grande desafio nos próximos anos.

5.2. O Cemitério de Algoritmos: MD5, SHA-1 e Outros

Algoritmos que já foram considerados seguros no passado, como as funções de hash MD5 e SHA-1, foram comprovadamente "quebrados" ou enfraquecidos. Usá-los hoje é arriscado! É fundamental migrar para algoritmos mais robustos, como os da família SHA-2 (SHA-256, SHA-512) ou SHA-3.

5.3. Para Onde Vamos? Tendências

- **ECC em Alta:** A Criptografia de Curvas Elípticas (ECC) ganha espaço por oferecer segurança similar ao RSA com chaves bem menores, o que é ótimo para dispositivos com menos poder de processamento (como celulares e IoT).
- **Criptografia Homomórfica:** Uma área fascinante que pesquisa formas de realizar cálculos diretamente em dados criptografados, sem precisar descriptografá-los primeiro. Imagine analisar dados médicos ou financeiros sensíveis sem expô-los!
- **Criptografia Descentralizada:** Tecnologias como blockchain (a base das criptomoedas) usam criptografia de ponta e abrem caminho para novas aplicações em finanças, identidade digital e governança, com modelos de segurança diferentes dos tradicionais.

Concluindo Nossa Missão Criptográfica

Neste capítulo, desvendamos muitos dos segredos da criptografia! Vimos que ela é muito mais do que apenas embaralhar dados. É a ferramenta que nos permite ter confidencialidade (simétrica/assimétrica), garantir integridade (hashing), provar autenticidade (assinaturas digitais) e construir confiança (certificados e PKI).

Exploramos como ela é usada em protocolos essenciais do nosso dia a dia (HTTPS, VPNs) e a importância de gerenciar corretamente as chaves que são o coração desse processo. Vimos também como a criptografia se conecta diretamente com a proteção de dados pessoais e o cumprimento de leis como LGPD e GDPR.

Por fim, olhamos para os desafios, como a necessidade de nos prepararmos para a computação quântica e abandonarmos algoritmos obsoletos. A criptografia é um campo vibrante e em constante evolução!

Com a criptografia em nossa caixa de ferramentas, estamos mais preparados para o próximo passo: entender como as organizações gerenciam os riscos de segurança de forma estratégica e garantem que estão cumprindo todas as regras e normas necessárias. É o que veremos no capítulo sobre **Gestão de Riscos e Conformidade**.

CAPÍTULO 7 – GESTÃO DE RISCOS E CONFORMIDADE

E aí, tudo pronto para mais um passo importante na nossa jornada pela cibersegurança? Até agora, nós exploramos os fundamentos, conhecemos as ameaças, aprendemos sobre malwares, vimos como proteger nossas redes e dispositivos e desvendamos a criptografia. Foi bastante coisa técnica e prática, certo?

Agora, neste capítulo, vamos dar uma olhada na parte mais **estratégica** da segurança. Não basta ter as melhores ferramentas e tecnologias se não soubermos onde estão os maiores perigos e como garantir que estamos "jogando pelas regras". É aqui que entram a **Gestão de Riscos** (o mapa que nos mostra onde estão os perigos) e a **Conformidade** (a bússola que nos mantém no caminho certo, seguindo leis e normas). Vamos entender como isso funciona?

1. Identificando e Avaliando Riscos: Onde Mora o Perigo?

Imagine que você tem uma casa para proteger. Você não colocaria grades reforçadas em todas as janelas e portas indiscriminadamente, certo? Primeiro, você pensaria: qual janela é mais vulnerável? Qual porta dá para uma rua mais movimentada? Onde o risco de alguém tentar entrar é maior? A gestão de riscos em cibersegurança funciona de forma parecida.

1.1. Receitas para Avaliar Riscos (Metodologias)

Existem métodos estruturados, como "receitas", que as organizações usam para avaliar seus riscos de forma organizada. Algumas conhecidas são:

- **ISO 31000:** Um padrão internacional que dá diretrizes gerais sobre como gerenciar riscos em qualquer tipo de organização. Ele foca em criar uma cultura de identificação, análise e tratamento de riscos.
- **OCTAVE:** Uma metodologia que ajuda a identificar os ativos mais críticos da empresa (o que é mais valioso?), analisar as ameaças e vulnerabilidades relacionadas a eles e avaliar o impacto se algo der errado. Ela incentiva a participação de várias áreas da empresa, não só da TI.

A ideia dessas metodologias é ter um processo claro para não deixar passar nenhum risco importante. É como um médico seguindo um protocolo para diagnosticar um paciente.

1.2. Primeiro Passo: O Que Estamos Protegendo? (Ativos e Classificação)

Antes de avaliar o risco, precisamos saber **o que** estamos protegendo.

- **Identificar Ativos:** Um ativo é qualquer coisa de valor para a organização. Pode ser algo físico (servidores, notebooks, prédios), lógico (dados de clientes, software próprio, patentes) ou até mesmo pessoas (funcionários com conhecimento chave) e a reputação da empresa.
- **Classificar a Informação:** Depois de saber quais informações temos, precisamos classificá-las pelo nível de sensibilidade. É comum usar categorias como:
  - **Pública:** Informação que pode ser divulgada sem problemas (ex: material de marketing).
  - **Interna:** Informação para uso dentro da empresa, mas não tão crítica (ex: comunicados internos).
  - **Confidencial/Restrita:** Informação sensível que, se vazar, pode causar danos (ex: dados de clientes,

estratégias financeiras).

o **Secreta:** Nível mais alto, para informações extremamente críticas.

Essa classificação ajuda a definir *quanto* de proteção cada tipo de informação precisa e *quem* pode ter acesso a ela.

1.3. Priorizando a Batalha (Matriz de Risco)

Ok, identificamos vários riscos. Mas os recursos (tempo, dinheiro) são limitados. Onde devemos focar primeiro? Uma ferramenta simples e muito usada é a **Matriz de Risco**. Ela cruza duas coisas:

- **Probabilidade:** Qual a chance desse risco acontecer? (Baixa, Média, Alta)
- **Impacto:** Se acontecer, qual o tamanho do estrago? (Leve, Moderado, Grave)

Fazendo essa análise, conseguimos visualizar os riscos mais críticos: aqueles que têm **alta probabilidade** de acontecer E causam **alto impacto**. Esses são os que precisam de atenção imediata! É como decidir qual reparo fazer primeiro em casa: o telhado que está vazando (alto impacto, alta probabilidade de chuva) ou a pintura descascada na parede (baixo impacto, baixa probabilidade de piorar rápido).

2. Plano B (e C e D...): Continuidade de Negócios (BCP) e Recuperação de Desastres (DRP)

Mesmo com toda a prevenção, desastres acontecem: um incêndio, uma enchente, um ataque cibernético devastador... As organizações precisam estar preparadas para continuar operando ou se recuperar rapidamente.

2.1. Qual a Diferença entre BCP e DRP?

- **BCP (Business Continuity Plan - Plano de Continuidade de Negócios):** É o plano maior, focado em garantir que as **operações essenciais do negócio** continuem funcionando durante e após uma crise. Ele pensa em tudo: pessoas, processos, fornecedores, comunicação... Como a empresa continua vendendo, atendendo clientes, etc., mesmo que o escritório principal esteja indisponível?

- **DRP (Disaster Recovery Plan - Plano de Recuperação de Desastres):** É uma parte **dentro** do BCP, focada especificamente na recuperação da **infraestrutura de TI** (servidores, redes, dados, sistemas). Ele detalha como restaurar backups, ativar um site reserva, reiniciar os sistemas o mais rápido possível.

Analogia: Imagine uma loja que sofreu uma enchente. O **BCP** seria o plano para continuar vendendo online ou em uma loja temporária enquanto a loja física está interditada. O **DRP** seria o plano para secar, consertar ou substituir o computador do caixa, o sistema de estoque e restaurar os dados de vendas do backup.

2.2. RTO e RPO: Quanto Tempo e Quantos Dados Podemos Perder?

Dois conceitos são cruciais ao planejar BCP/DRP:

- **RTO (Recovery Time Objective - Objetivo de Tempo de Recuperação):** É o **tempo máximo** que um sistema ou serviço crítico pode ficar **fora do ar** após um incidente. Ex: "O sistema de faturamento não pode ficar mais de 4 horas parado".
- **RPO (Recovery Point Objective - Objetivo de Ponto de Recuperação):** É a **quantidade máxima de dados** que a empresa pode aceitar **perder**, medida em tempo. Ex: "Podemos perder, no máximo, 1 hora de transações". Isso define com que frequência os backups precisam ser feitos (neste caso, pelo menos a cada hora).

Definir RTO e RPO para cada serviço crítico ajuda a dimensionar as estratégias de backup e recuperação.

2.3. Testar, Testar, Testar!

De que adianta ter um plano lindo no papel se ninguém sabe como executá-lo ou se ele não funciona na prática? É **fundamental**

testar os planos de BCP e DRP regularmente!

- Fazer simulações de desastres.
- Realizar treinamentos com as equipes.
- Testar a restauração dos backups.
- Revisar e atualizar os planos sempre que houver mudanças na empresa ou na tecnologia.

Um plano não testado é quase o mesmo que não ter plano nenhum.

3. Seguindo as Melhores Receitas: Normas e Frameworks

Como vimos rapidamente antes, as empresas não precisam inventar tudo do zero. Existem normas e guias (frameworks) reconhecidos mundialmente que trazem as melhores práticas em segurança e governança.

- **ISO/IEC 27001:** O padrão internacional para criar um Sistema de Gestão de Segurança da Informação (SGSI). Ter a certificação ISO 27001 é um selo de qualidade que mostra que a empresa segue boas práticas.
- **NIST Cybersecurity Framework:** Um guia muito prático do governo americano, organizado nas funções: Identificar, Proteger, Detectar, Responder e Recuperar. Ajuda qualquer organização a avaliar e melhorar sua segurança.
- **COBIT:** Focado em governança e gestão de TI, ajuda a alinhar a tecnologia com os objetivos do negócio, incluindo a segurança.
- **ITIL (Information Technology Infrastructure Library):** Embora não seja focado *só* em segurança, o ITIL traz boas práticas para gerenciar serviços de TI (como tratar incidentes, gerenciar mudanças nos sistemas, etc.), o que impacta diretamente na estabilidade e segurança do ambiente.
- **CIS Controls:** Uma lista mais direta e priorizada de controles técnicos e processuais que trazem grandes ganhos de segurança quando implementados. Ótimo para começar a

"colocar a mão na massa".

4. As Regras do Jogo Obrigatórias: Conformidade Legal e Regulamentação

Além das boas práticas, existem **leis e regulamentos** que as organizações são **obrigadas** a seguir, especialmente quando lidam com dados pessoais ou atuam em setores regulados (como o financeiro).

4.1. Leis Nacionais e Internacionais

Cada país e setor pode ter suas regras. Alguns exemplos:

- **Brasil:** Marco Civil da Internet, LGPD (Lei Geral de Proteção de Dados).
- **Europa:** GDPR (Regulamento Geral sobre a Proteção de Dados).
- **EUA:** HIPAA (para dados de saúde), SOX (para governança corporativa de empresas listadas em bolsa), CCPA (privacidade na Califórnia).
- **Setor de Pagamentos:** PCI DSS (padrão de segurança para quem processa ou armazena dados de cartão de crédito).

4.2. O Foco em Privacidade: LGPD e GDPR

Duas leis se destacam hoje quando falamos de dados pessoais:

- **LGPD (Brasil):** Define como dados pessoais devem ser tratados, exigindo consentimento, transparência, segurança e respeito aos direitos dos titulares (as pessoas a quem os dados pertencem). Prevê notificações obrigatórias em caso de vazamentos.
- **GDPR (Europa):** Inspirou a LGPD e tem regras similares, mas com alcance global (afeta qualquer empresa no mundo que trate dados de cidadãos europeus) e multas potencialmente ainda maiores.

4.3. O Custo de Não Seguir as Regras: Penalidades e Sanções

Ignorar essas leis e regulamentos pode sair muito caro:

- **Multas Pesadíssimas:** Podem chegar a milhões de reais (ou euros, no caso do GDPR), comprometendo a saúde financeira da empresa.
- **Danos à Reputação:** Perder a confiança de clientes e do mercado pode ser ainda pior que a multa.
- **Proibições:** Em casos graves, a empresa pode ser proibida de tratar dados pessoais até se regularizar.

5. Verificando o Trabalho: Auditoria e Governança

Como garantir que tudo isso (gestão de riscos, conformidade com leis, implementação de controles) está realmente funcionando? Com auditoria e boa governança.

5.1. Para Que Serve uma Auditoria de Segurança?

A auditoria é como um "check-up" independente para avaliar se os controles de segurança estão:

1. **Bem Desenhados:** Se eles fazem sentido para os riscos que a empresa enfrenta e para as leis que precisa cumprir.
2. **Implementados (Conformes):** Se eles realmente existem e estão funcionando na prática, como definido nas políticas.
3. **Eficazes:** Se eles estão realmente ajudando a prevenir incidentes ou a reduzir os riscos.

5.2. Quem Faz a Auditoria? (Tipos)

- **Auditoria Interna:** Feita pela própria equipe de auditoria da empresa. Ajuda a encontrar problemas e melhorar continuamente.
- **Auditoria Externa:** Feita por uma empresa independente. Geralmente necessária para obter certificações (como a ISO 27001) ou para atender a exigências de clientes e reguladores. Traz uma visão imparcial.
- **Auditoria Forense:** Realizada *depois* de um incidente grave (vazamento, fraude) para investigar o que aconteceu, coletar evidências e, se necessário, identificar culpados.

5.3. Comandando o Navio: Governança de TI e Indicadores (KPIs)

- **Governança de TI:** É a estrutura geral (comitês, políticas, processos) que garante que a área de TI (incluindo a segurança) trabalhe de forma alinhada com os objetivos estratégicos da empresa e de forma responsável.

- **KPIs (Key Performance Indicators - Indicadores Chave de Desempenho):** São métricas que ajudam a medir se a segurança está melhorando. Exemplos: "tempo médio para corrigir uma vulnerabilidade crítica", "% de funcionários que concluíram o treinamento de segurança", "número de incidentes de segurança por mês". Os KPIs ajudam a monitorar o progresso e a mostrar o valor da segurança para a diretoria.

Concluindo a Visão Estratégica

Neste capítulo, vimos que a cibersegurança vai muito além da tecnologia. Ela exige uma visão **estratégica** para gerenciar riscos (saber onde estão os perigos e priorizar as ações), um compromisso com a **conformidade** (seguir as leis e normas) e mecanismos de **verificação** (auditoria e governança) para garantir que tudo esteja funcionando.

Ter processos bem definidos para avaliar riscos, planejar a continuidade do negócio, seguir frameworks de boas práticas e cumprir as leis é o que permite às organizações construir uma postura de segurança resiliente e sustentável a longo prazo.

Agora que já temos essa visão mais ampla, no próximo capítulo vamos voltar um pouco para a prática, mas com um foco diferente: como **nós**, indivíduos, e as **pequenas empresas**, que geralmente têm menos recursos, podemos aplicar conceitos de cibersegurança no nosso dia a dia? Veremos que dá para fazer muita coisa!

CAPÍTULO 8 – CIBERSEGURANÇA PESSOAL E DE PEQUENAS EMPRESAS

Nos últimos capítulos, falamos bastante sobre como as grandes organizações gerenciam riscos, seguem normas e usam tecnologias avançadas. Mas e nós, no nosso dia a dia? E as pequenas empresas, que muitas vezes têm orçamento apertado e pouca gente para cuidar da TI? A cibersegurança também é para eles? **Com certeza!**

Neste capítulo, vamos focar em **práticas essenciais e acessíveis** que qualquer pessoa pode adotar para se proteger online, e também dar orientações específicas para os pequenos negócios que enfrentam desafios diferentes. A boa notícia é: muitas das medidas mais eficazes dependem mais de **bons hábitos** do que de grandes investimentos! Vamos ver como?

1. O Básico que Funciona: Práticas de Segurança para Usuários Finais

Seja em casa ou no trabalho, algumas práticas são fundamentais para todos nós.

1.1. Senhas: Fortes, Únicas e Bem Guardadas!

Já falamos de senhas antes, mas este ponto é tão crucial que vale reforçar:

- **Crie Senhas FORTES:** Use uma combinação de letras maiúsculas e minúsculas, números e símbolos (@, #, $, %, etc.). Quanto mais longa, melhor (pense em 12 caracteres ou mais). Evite coisas óbvias como "123456", "senha", datas de aniversário, nomes de filhos ou pets, ou sequências do teclado.

- **Senhas ÚNICAS para Cada Serviço: Nunca** use a mesma senha (ou variações muito pequenas dela) para vários sites ou aplicativos. Se uma senha vazar em um serviço, os criminosos tentarão usá-la em todos os outros!

- **Gerenciadores de Senhas: Seu Melhor Amigo!** Como lembrar de tantas senhas fortes e únicas? A resposta é: não tente! Use um **gerenciador de senhas**. São aplicativos (como LastPass, 1Password, Bitwarden, KeePass, entre outros) que criam senhas super fortes para você, armazenam tudo de forma segura e criptografada, e preenchem automaticamente nos sites. Você só precisa lembrar de **uma** senha mestra forte para acessar o gerenciador. É a forma mais prática e segura de lidar com senhas hoje em dia.

1.2. A Camada Extra Essencial: Autenticação Multifator (2FA/MFA)

A **Autenticação Multifator** (MFA), também conhecida como Verificação em Duas Etapas (2FA), é uma das melhores coisas que você pode fazer pela sua segurança online.

- **O que é?** Além da sua senha (algo que você *sabe*), ela exige uma segunda forma de confirmação de que é você mesmo tentando acessar a conta. Pode ser:
  - Algo que você *tem* (um código enviado por SMS, um código gerado por um app como Google Authenticator ou Authy, uma chave física USB).
  - Algo que você *é* (sua impressão digital, seu rosto - biometria).
- **Por que usar?** Porque mesmo que alguém descubra ou roube sua senha, ainda precisará desse segundo fator para entrar na

sua conta. Isso dificulta enormemente a vida dos invasores!

- **Onde ativar? SEMPRE** que um serviço oferecer essa opção! Ative no seu e-mail principal, redes sociais, contas bancárias, gerenciador de senhas... em tudo que for importante.

1.3. Olho Vivo! Cuidados com E-mails e Links Suspeitos

O golpe mais comum ainda é o **phishing**. Como não cair?

1. **Verifique o Remetente:** O endereço de e-mail parece legítimo? É de alguém que você conhece? Desconfie de nomes estranhos ou domínios que tentam imitar empresas famosas (ex: bancoXYZ-seguranca.com em vez de bancoXYZ.com).

2. **Leia com Atenção:** Procure por erros de português, formatação estranha, saudações genéricas ("Prezado Cliente"). E-mails de golpes muitas vezes têm esses sinais.

3. **Passe o Mouse nos Links (SEM CLICAR!):** Antes de clicar em um link, coloque o cursor do mouse sobre ele e veja qual o endereço real aparece no canto inferior da tela ou na dica de ferramenta. Se o endereço parecer suspeito ou não tiver nada a ver com o texto do link, não clique! Cuidado especial com links encurtados.

4. **Desconfie da Urgência:** Mensagens que te pressionam a agir imediatamente ("Sua conta será bloqueada em 24h!", "Clique aqui AGORA para receber seu prêmio!") são táticas comuns de golpistas. Respire fundo e verifique por outros meios se a informação é real.

5. **Na Dúvida, NÃO CLIQUE!** Se não tiver certeza, é melhor apagar o e-mail ou a mensagem. Se for algo importante de um banco ou serviço, acesse o site oficial digitando o endereço diretamente no navegador ou use o aplicativo oficial, em vez de clicar no link do e-mail.

2. Protegendo Seus Companheiros Digitais: Smartphones e Tablets

Nossos celulares e tablets carregam uma vida inteira de informações. Precisamos protegê-los!

2.1. Configurações Seguras para o seu Bolso

- **Bloqueio de Tela Forte:** Use sempre um bloqueio de tela! Prefira PINs longos, senhas complexas ou biometria (digital ou facial). Evite padrões de desenho fáceis de adivinhar.

- **Revise as Permissões dos Apps:** De tempos em tempos, vá nas configurações e veja quais aplicativos têm permissão para acessar sua localização, câmera, microfone, contatos, arquivos... Revogue as permissões que não fizerem sentido ou não forem necessárias para o app funcionar.

- **Baixe Apps Só das Lojas Oficiais:** Google Play Store (Android) e App Store (iOS) têm mecanismos de segurança para verificar os apps. Baixar apps de fontes desconhecidas aumenta muito o risco de instalar malware.

- **Desabilite o Que Não Usa:** Mantenha Bluetooth, NFC e Localização (GPS) desligados quando não estiver usando. Isso economiza bateria e reduz possíveis pontos de ataque.

2.2. Wi-Fi Público: Conveniente, Mas Perigoso!

Usar o Wi-Fi gratuito do shopping, aeroporto ou cafeteria é tentador, mas pode ser arriscado.

- **Redes Abertas São Inseguras:** Muitas dessas redes não têm criptografia, o que significa que alguém mal-intencionado na mesma rede pode tentar interceptar o que você está fazendo online.

- **Use uma VPN:** Se precisar acessar algo importante (e-mail, banco, redes sociais) em um Wi-Fi público, **use uma VPN** (Rede Virtual Privada). Ela cria aquele "túnel" criptografado que protege sua conexão. Existem várias opções de VPNs pagas e até algumas gratuitas confiáveis para uso ocasional.

- **Procure o HTTPS:** Mesmo com VPN, sempre verifique se os sites que você acessa usam HTTPS (o cadeado!).

2.3. Backup: Sua Rede de Segurança Digital

Seu celular pode ser perdido, roubado ou simplesmente parar de funcionar. E aí, suas fotos, contatos, documentos?

- **Faça Backup Regularmente!** Tenha o hábito de fazer cópias de segurança dos seus arquivos importantes.
- **Opções:**
  - **Nuvem:** Serviços como Google Drive/Fotos, iCloud, Dropbox, OneDrive são práticos. Verifique as configurações de segurança (ative 2FA!) e entenda como a privacidade funciona. Alguns oferecem criptografia extra.
  - **Local:** Copiar os arquivos para um computador, HD externo ou pen drive. Se fizer isso, guarde esse dispositivo de backup em local seguro e considere criptografar o disco (usando BitLocker, VeraCrypt, etc.) para o caso de perda ou roubo do backup também!

3. Segurança com Orçamento Apertado: Pequenas e Médias Empresas (PMEs)

As PMEs são alvos frequentes justamente por serem, em tese, mais fáceis de atacar. Quais os desafios e como superá-los?

3.1. Os Desafios Específicos das PMEs

- **Orçamento Limitado:** Soluções de segurança corporativas avançadas podem custar caro.
- **Falta de Expertise:** Muitas vezes não há um profissional dedicado à segurança de TI; o dono ou um funcionário acumula a função sem ter todo o conhecimento necessário.
- **Menos Tempo e Recursos:** A prioridade costuma ser manter o negócio rodando, e a segurança pode ficar em segundo plano.
- **Falsa Sensação de Segurança:** "Somos pequenos, quem vai querer nos atacar?". Errado! Criminosos atacam quem for mais fácil, e PMEs podem ter dados valiosos (de clientes, financeiros) ou servir de ponte para atacar empresas maiores.

3.2. Ferramentas Acessíveis que Ajudam (e Muito!)

Não precisa gastar fortunas para ter uma segurança básica:

- **Firewall Básico:** Muitos roteadores de internet (especialmente os modelos um pouco melhores, voltados para pequenos negócios) já vêm com um firewall embutido. Aprenda a configurá-lo para bloquear conexões indesejadas vindas da internet.
- **Antivírus:** Essencial em **todos** os computadores da empresa! Existem boas opções pagas com gerenciamento centralizado (o que facilita para o dono ou responsável pela TI) e até versões gratuitas confiáveis para começar. O importante é **instalar, manter atualizado e ativo**.
- **Soluções em Nuvem:** Para backup, e-mail seguro, ou até pacotes de segurança "tudo-em-um", muitos serviços em nuvem oferecem planos mensais acessíveis para PMEs, que podem ser mais vantajosos do que comprar hardware e software caros.

3.3. Políticas e Diretrizes Simples e Práticas

Mesmo sem um departamento de segurança, PMEs podem (e devem!) definir algumas regras básicas:

- **Política de Senhas:** Exigir senhas um pouco mais complexas e, principalmente, proibir o compartilhamento. Incentivar o uso de gerenciadores de senhas.
- **Controle de Acesso:** Dar aos funcionários acesso apenas aos arquivos e sistemas que eles **realmente precisam** para trabalhar (princípio do menor privilégio).
- **Rotina de Backup:** Definir claramente quem é responsável por fazer os backups, com que frequência (diária, semanal?), onde serão guardados (nuvem segura, HD externo levado para casa?) e **testar** se a restauração funciona!
- **Treinamento Básico:** Conversas curtas, e-mails com dicas, lembretes sobre como identificar phishing, cuidados ao usar o e-mail da empresa, perigos de pen drives desconhecidos, etc.

4. O Firewall Humano: Educação e Conscientização

Como vimos, as pessoas são cruciais. Como fortalecer esse "firewall humano"?

4.1. Treinamentos que Funcionam

- **Seja Prático:** Em vez de palestras chatas, mostre exemplos reais de e-mails de phishing, demonstre como usar o 2FA ou o gerenciador de senhas.
- **Use o Dia a Dia:** Coloque cartazes simples com dicas perto dos computadores, envie e-mails curtos com "pílulas de segurança", comente sobre notícias de ataques recentes e como poderiam ter sido evitados.

4.2. Testando a Atenção: Simulação de Phishing

Uma forma eficaz de medir e melhorar a conscientização é fazer **simulações de phishing**: a própria empresa (ou uma consultoria) envia e-mails falsos (mas inofensivos) para os funcionários para ver quem clica.

- **Analise os Resultados:** Quantos clicaram? Quantos chegaram a inserir dados? Isso mostra onde o treinamento precisa focar.
- **Feedback Construtivo:** O objetivo **não é punir** quem clicou, mas sim usar o resultado como oportunidade de aprendizado, mostrando como eles poderiam ter identificado o golpe.

4.3. Criando uma Cultura de Segurança (Mesmo com Pouca Gente!)

- **Exemplo da Liderança:** Se o dono ou gerente não segue as regras, ninguém mais vai seguir.
- **Facilite a Colaboração:** Crie um ambiente onde qualquer pessoa se sinta segura para reportar um e-mail estranho ou uma atividade suspeita, sem medo de represálias. A segurança é trabalho de equipe!
- **Incentivos (Opcional):** Pequenos reconhecimentos para quem demonstra boas práticas ou reporta ameaças podem

ajudar a engajar.

5. Hábitos Saudáveis para a Vida Digital: Boas Práticas de Rotina

Algumas coisas precisam virar rotina, como escovar os dentes!

5.1. Atualizar, Atualizar, Atualizar!

Já sabe, né? Aplique as atualizações de segurança do Windows, macOS, Linux, Android, iOS, navegadores, Office... TUDO! Habilite as atualizações automáticas sempre que possível.

5.2. VPN para Acesso Remoto (Principalmente no Trabalho)

Se você ou seus funcionários acessam a rede ou sistemas da empresa remotamente (de casa, de viagens), usem uma **VPN corporativa**. Isso garante que a conexão seja criptografada e segura. Se a empresa não oferece, considere usar uma VPN comercial confiável para essa conexão.

5.3. Cuidado com os "Visitantes": Dispositivos Externos (USB, etc.)

Pen drives, HDs externos e cartões de memória podem trazer malwares.

- **Escaneie Antes de Usar:** Sempre passe um antivírus atualizado em qualquer dispositivo de armazenamento externo antes de abrir os arquivos, principalmente se não for seu.
- **Bloqueio de Portas (Empresas):** Em ambientes corporativos, pode ser uma boa medida restringir ou controlar o uso de portas USB para evitar tanto a entrada de malware quanto o vazamento de dados.

Concluindo: Segurança ao Alcance de Todos!

Viu só? Cibersegurança não é um bicho de sete cabeças inacessível! Tanto para nós, indivíduos, quanto para pequenas empresas, adotar hábitos simples e usar ferramentas básicas pode fazer uma **enorme diferença** na proteção contra a maioria das ameaças comuns.

Lembre-se dos pilares: senhas fortes e únicas (com gerenciador!), autenticação de dois fatores ativada, desconfiança com e-mails e links, dispositivos atualizados e protegidos, backups regulares e, para as PMEs, políticas simples e treinamento constante. Criar uma cultura onde todos se sentem responsáveis pela segurança é fundamental.

Com essas dicas práticas no bolso, estamos prontos para olhar para o outro lado da moeda: o **mercado de trabalho** em cibersegurança. Se você se interessou por tudo isso e pensa em seguir carreira na área, o próximo capítulo é para você! Vamos explorar as oportunidades, as funções e as certificações que podem te ajudar a entrar nesse campo fascinante e em constante crescimento.

CAPÍTULO 9 – MERCADO DE TRABALHO E CARREIRA EM CIBERSEGURANÇA

Depois de aprendermos a nos proteger no dia a dia e a dar os primeiros passos de segurança em pequenas empresas, que tal olharmos para o outro lado? E se você quisesse fazer da cibersegurança a sua **profissão**?

Neste capítulo, vamos conversar sobre como está o **mercado de trabalho** para quem quer atuar nessa área. Veremos que existem muitas oportunidades, diferentes tipos de funções, certificações que podem ajudar e, claro, quais habilidades (técnicas e comportamentais) são importantes para ter sucesso. Se você está curioso(a) sobre como transformar seu interesse em cibersegurança em uma carreira, vem comigo!

1. Como Anda o Mercado? Um Panorama Geral

A primeira coisa que você precisa saber é: a área de cibersegurança está **pegando fogo**!

1.1. Por Que Tanta Demanda? Crescimento e Oportunidades

Com a transformação digital acelerada – empresas indo para a nuvem, todo mundo usando celular para tudo, a Internet das

Coisas (IoT) crescendo – a quantidade de dados e sistemas que precisam ser protegidos aumentou absurdamente. E, como vimos nos capítulos anteriores, as ameaças também não param de crescer e ficar mais sofisticadas.

Resultado? Há uma **enorme demanda por profissionais** que saibam como defender esses dados e sistemas. Na verdade, existe uma **escassez global** de especialistas em cibersegurança – muitas vagas simplesmente não são preenchidas por falta de gente qualificada. Essa alta demanda geralmente se reflete em **salários competitivos**, especialmente para quem já tem alguma experiência e conhecimento.

1.2. Onde Trabalhar? As Diversas Áreas de Atuação

Cibersegurança não é uma coisa só! Existem várias "tribos" ou especialidades dentro da área:

- **Segurança Defensiva (Time Azul / Blue Team):** São os construtores da fortaleza! Eles implementam e gerenciam firewalls, antivírus, sistemas de detecção (IDS/IPS), monitoram a rede em busca de atividades suspeitas e respondem quando um incidente acontece.
- **Segurança Ofensiva (Time Vermelho / Red Team / Pentesting):** São os "testadores" da fortaleza! Eles agem como hackers éticos, realizando testes de invasão controlados (*pentests*) para encontrar as falhas e vulnerabilidades antes que os criminosos as encontrem.
- **Governança, Risco e Conformidade (GRC):** São os "arquitetos das regras" e os "fiscais". Eles criam as políticas de segurança, avaliam os riscos, garantem que a empresa esteja cumprindo as leis (como LGPD, GDPR) e os padrões do setor, e lidam com auditorias.
- **Forense Digital:** São os "detetives" digitais. Quando um ataque acontece, eles investigam para descobrir como ocorreu, quem foi o responsável e coletam evidências digitais que podem ser usadas em processos legais.
- **Arquitetura de Segurança:** São os "planejadores mestres".

Eles definem como a segurança deve ser construída em toda a empresa, desde a infraestrutura de rede até o desenvolvimento de novos aplicativos, garantindo que tudo seja projetado com segurança desde o início.

1.3. Quem Mais Precisa? Setores com Alta Demanda

Embora toda empresa precise de segurança, alguns setores têm uma necessidade ainda mais crítica:

- **Setor Financeiro:** Bancos, corretoras, fintechs lidam com muito dinheiro e dados sensíveis de clientes. A proteção contra fraudes e vazamentos é vital.
- **Saúde:** Hospitais, laboratórios, planos de saúde guardam informações médicas extremamente confidenciais. Além disso, equipamentos médicos conectados à rede (IoT) criam novos riscos.
- **Governo e Setor Público:** Protegem dados de milhões de cidadãos, informações estratégicas do país e infraestruturas críticas (energia, água, transporte). São alvos constantes de espionagem e ataques com motivações políticas.

2. Os "Diplomas" da Área: Certificações Importantes

As certificações não são obrigatórias para conseguir um emprego, mas podem **validar seus conhecimentos** e te destacar no mercado. Pense nelas como selos de qualidade reconhecidos pelas empresas. Algumas das mais conhecidas são:

- **CompTIA Security+:** Ótima para **começar**! Cobre os fundamentos de segurança, ameaças, criptografia, redes, etc. É bem abrangente e reconhecida internacionalmente, um excelente ponto de partida.
- **CISSP (Certified Information Systems Security Professional):** Uma das **mais respeitadas** mundialmente, mas voltada para quem já tem **experiência** (geralmente 5 anos). Cobre 8 domínios amplos da segurança, desde a gestão de riscos até a segurança física e de software. Abre portas para cargos mais seniores e de gestão.

- **CISM (Certified Information Security Manager):** Focada na **gestão** da segurança da informação. Ideal para quem quer seguir carreira em liderança, governança, gestão de riscos e desenvolvimento de programas de segurança. Também exige experiência.
- **CEH (Certified Ethical Hacker):** Voltada para quem quer atuar na **segurança ofensiva** (pentest). Ensina as técnicas e ferramentas usadas por hackers, mas de forma ética, para encontrar vulnerabilidades.
- **OSCP (Offensive Security Certified Professional):** Considerada uma das certificações **mais práticas e desafiadoras** para pentesters. O exame exige que você invada máquinas em um laboratório real em 24 horas. É muito valorizada por empresas de segurança ofensiva, pois prova habilidade técnica de verdade.

Existem muitas outras certificações, focadas em nuvem, forense, auditoria, etc. O importante é pesquisar quais fazem mais sentido para a área que você quer seguir.

3. Quem Faz o Quê? Perfis Profissionais Comuns

Vamos conhecer alguns dos cargos mais comuns:

- **Analista de Segurança:** Geralmente é a porta de entrada. Atua na linha de frente: monitora alertas de segurança, analisa logs, faz a triagem inicial de incidentes, ajuda a configurar ferramentas básicas (firewall, antivírus) e a aplicar atualizações (patches).
- **Engenheiro de Segurança:** Tem um papel mais técnico de projetar, implementar e manter soluções de segurança mais complexas (como SIEM, IDS/IPS avançados, sistemas de criptografia). Pode desenvolver scripts para automatizar tarefas.
- **Arquiteto de Segurança:** Um profissional mais sênior, com visão estratégica. Define os padrões de segurança para toda a empresa, desenha a arquitetura de segurança para novos projetos e garante que a tecnologia esteja alinhada com os

objetivos de negócio e os requisitos de segurança.

- **Pentester / Ethical Hacker:** Como já vimos, é quem realiza os testes de invasão para encontrar falhas. Usa ferramentas como Nmap, Metasploit, Burp Suite, etc.. Precisa ter uma mente curiosa, gostar de resolver quebra-cabeças e entender bem de redes, sistemas e programação.
- **Consultor de GRC (Governança, Risco e Compliance):** Foca na parte de gestão e processos. Ajuda a criar políticas, avaliar riscos, garantir que a empresa esteja em conformidade com leis e normas (LGPD, ISO 27001, PCI DSS), e prepara a empresa para auditorias. Exige bom conhecimento das regulamentações e habilidade de comunicação.

4. Além do Teclado: Habilidades Essenciais (Soft Skills)

Saber configurar um firewall ou encontrar uma vulnerabilidade é importante, mas não é tudo! Algumas habilidades comportamentais (soft skills) são cruciais:

- **Trabalho em Equipe e Comunicação:** Segurança não se faz sozinho! Você precisará colaborar com a equipe de TI, com o jurídico, com o RH, com a diretoria... Saber se comunicar bem, explicando riscos e soluções de forma clara (inclusive para quem não é técnico!), é fundamental.
- **Gestão de Conflitos e Pressão:** Lidar com um incidente de segurança em andamento, prazos apertados para corrigir falhas, ou explicar para um diretor por que um projeto precisa de mais investimento em segurança exige calma e habilidade para gerenciar situações de pressão.
- **Adaptabilidade:** O cenário de ameaças e tecnologias muda **muito rápido**. Quem trabalha com cibersegurança precisa ser flexível, curioso e disposto a aprender coisas novas o tempo todo (novos tipos de ataque, novas ferramentas, segurança em nuvem, IA, etc.).
- **Aprendizado Contínuo (De Novo!):** Sim, vou repetir! Esta é talvez a habilidade mais importante. Você precisa **amar aprender** e se manter atualizado **diariamente**. Ler

blogs de segurança, assistir webinars, participar de fóruns, seguir relatórios de novas vulnerabilidades, fazer cursos, ir a eventos... é um estudo que nunca acaba!. E praticar em laboratórios ou competições (CTFs) é essencial para fixar o conhecimento.

5. Como Começar? Dando os Primeiros Passos na Área

Se interessou? Ótimo! Mas por onde começar?

- **Formação (Acadêmica ou Livre):**
  - Uma graduação em Ciência da Computação, Engenharia, Sistemas de Informação ou áreas relacionadas pode dar uma base excelente. Já existem também cursos superiores focados especificamente em Cibersegurança.
  - Mas a faculdade não é o único caminho! Existem ótimos cursos online (Coursera, Udemy, Cybrary, etc.), especializações e *bootcamps* (treinamentos intensivos e práticos) que podem te colocar no mercado mais rápido.
- **Mergulhe na Comunidade:**
  - Participe de **CTFs (Capture The Flag):** São competições online (muitas gratuitas!) onde você resolve desafios de segurança e aprende na prática. Plataformas como Hack The Box, TryHackMe e VulnHub são excelentes para isso.
  - Entre em **Fóruns e Grupos:** Participe de discussões no Reddit (como r/netsec, r/cybersecurity), Stack Exchange, grupos no Discord ou Telegram. Aprenda com os outros e tire suas dúvidas.
  - Procure por **Grupos de Pesquisa** ou meetups locais na sua cidade.
- **Construa seu Portfólio e Faça Networking:**
  - **Networking:** Conecte-se com profissionais da área (LinkedIn é ótimo para isso!), vá a eventos e palestras (mesmo online), troque ideias. Muitas vagas são preenchidas por indicação.

- o **Mostre o que Você Sabe (Portfólio):** Crie um perfil no **GitHub** e coloque lá seus projetos pessoais, scripts que você desenvolveu para automatizar alguma tarefa de segurança, suas anotações de estudo, write-ups de desafios CTF que você resolveu.

- o **Compartilhe Conhecimento:** Considere criar um **blog** para escrever sobre o que você está aprendendo, fazer tutoriais, analisar notícias de segurança. Contribuir para projetos de segurança **open source** também é uma ótima forma de aprender e ganhar visibilidade.

Concluindo Nossa Exploração de Carreiras

O mercado de cibersegurança está cheio de oportunidades para quem é curioso, dedicado e gosta de resolver problemas. A demanda por profissionais só cresce, e existem muitas áreas diferentes para se especializar, seja defendendo sistemas, atacando eticamente ou gerenciando riscos e políticas.

Certificações podem ajudar a validar seu conhecimento, mas as habilidades práticas, a capacidade de comunicação e, principalmente, a vontade de aprender continuamente são o que realmente farão a diferença na sua carreira. Para começar, explore os caminhos de estudo, mergulhe nas comunidades online, participe de CTFs, construa seu portfólio e conecte-se com outros profissionais.

No próximo capítulo, vamos olhar para a bola de cristal! Falaremos sobre as **Tendências e o Futuro da Cibersegurança.** Como tecnologias como Inteligência Artificial, 5G e Computação Quântica vão impactar esse cenário?

CAPÍTULO 10 – TENDÊNCIAS E FUTURO DA CIBERSEGURANÇA

Já cobrimos um longo caminho juntos, entendendo como a cibersegurança funciona hoje. Mas essa área não para nunca! Neste capítulo, vamos tentar olhar um pouco para frente, para as **tendências e tecnologias** que prometem revolucionar (ou complicar!) a forma como protegemos nossos dados e sistemas.

Pense em **Inteligência Artificial (IA)**, na velocidade estonteante do **5G**, no poder quase inimaginável da **Computação Quântica**, na tecnologia por trás das criptomoedas (**Blockchain**), na crescente preocupação com a **privacidade** e na linha cada vez mais tênue entre o mundo **físico e o digital**. Tudo isso está interligado e terá um impacto enorme na cibersegurança. Vamos decifrar um pouco desse futuro?

1. A Inteligência Artificial Entra em Campo (Para o Bem e Para o Mal)

A Inteligência Artificial (IA) e seu "primo", o Aprendizado de Máquina (Machine Learning - ML), já não são mais futuro, são presente. E na cibersegurança, eles jogam nos dois times:

1.1. IA como Aliada na Defesa:

- **Detetive Superpoderoso:** A IA consegue analisar volumes gigantescos de dados (logs de sistemas, tráfego de rede) em busca de padrões sutis e anomalias que um humano jamais conseguiria detectar. Isso ajuda a identificar ataques novos ou muito disfarçados.

- **Respostas na Velocidade da Luz:** Sistemas baseados em IA podem reagir a incidentes muito mais rápido, bloqueando automaticamente uma conexão suspeita ou isolando um computador infectado antes que o estrago se espalhe. Plataformas chamadas **SOAR** (Security Orchestration, Automation and Response) usam IA para automatizar muitas tarefas de resposta a incidentes.
- **Aprendizado Constante:** O mais legal é que a IA aprende com o tempo. Quanto mais dados ela analisa, melhor ela fica em detectar ameaças, inclusive aquelas nunca vistas antes (*zero-day*). É como um segurança que fica mais experiente a cada dia.

1.2. O Lado Sombrio: IA Maliciosa:

Mas, como toda ferramenta poderosa, a IA também pode ser usada para o mal:

- **Ataques Mais Inteligentes:** Criminosos podem usar IA para criar ataques mais eficazes: procurar vulnerabilidades em milhares de sistemas automaticamente, gerar malwares que se adaptam para não serem pegos pelos antivírus, ou criar e-mails de phishing super convincentes e personalizados.
- **Deepfakes e Enganação:** A IA pode criar vídeos, áudios e imagens falsos (os *deepfakes*) com um realismo assustador. Imagine receber uma ligação ou vídeo do seu "chefe" pedindo uma transferência urgente... que na verdade foi gerado por IA! Isso eleva a engenharia social a outro nível.
- **Riscos Autônomos:** A aplicação de IA em drones, robôs ou armas autônomas também traz preocupações sérias sobre segurança, ética e controle.

2. 5G: Conexão Total, Risco Ampliado?

A chegada da quinta geração de redes móveis, o **5G**, promete revolucionar a conectividade.

2.1. Mais Rápido, Menos Atraso:

O 5G oferece velocidades muito maiores e latência (o tempo de resposta da rede) baixíssima. Isso vai permitir coisas incríveis, como:

- Realidade Aumentada e Virtual muito mais imersivas.
- Cirurgias feitas remotamente por robôs.
- Carros que dirigem sozinhos e se comunicam entre si.
- Bilhões de dispositivos da Internet das Coisas (IoT) conectados ao mesmo tempo.

2.2. A Superfície de Ataque Explode:

Qual o lado negativo para a segurança?

- **Bilhões de Novos Alvos:** Com tantos dispositivos conectados (sensores em cidades inteligentes, wearables, eletrodomésticos, carros...), a "superfície de ataque" (lembra dela?) vai aumentar exponencialmente.
- **Mais Portas de Entrada:** Cada um desses dispositivos é uma potencial porta de entrada para invasores na rede.
- **Gerenciar Identidades:** Como garantir que cada um desses bilhões de dispositivos é quem diz ser e tem permissão para acessar a rede? O gerenciamento de identidades se torna um desafio gigantesco.

2.3. Exigências de Segurança do 5G:

Para o 5G ser seguro, precisamos de:

- **Redes "Fatiadas" com Segurança:** O 5G permite "fatiar" a rede (network slicing) para diferentes usos (uma fatia para carros autônomos, outra para IoT, etc.). Cada fatia precisa ter suas próprias políticas de segurança robustas.
- **Protocolos Seguros:** Os próprios protocolos de comunicação do 5G precisam ser seguros para evitar espionagem ou

sabotagem da rede.

- **Colaboração:** Fabricantes de equipamentos e operadoras de telefonia precisam trabalhar juntos para garantir que a segurança seja pensada desde o início e de forma integrada.

3. O Salto Quântico: Computação e a Quebra da Criptografia

Essa é uma das maiores preocupações para o futuro da segurança.

3.1. O Risco para Nossos Segredos Digitais:

Os **computadores quânticos**, quando estiverem maduros e estáveis, terão um poder de processamento tão absurdo que conseguirão quebrar muitos dos algoritmos de **criptografia assimétrica** (RSA, ECC) que usamos hoje para proteger comunicações seguras (HTTPS), assinaturas digitais e muito mais. Problemas matemáticos que levariam bilhões de anos para um computador normal resolver poderiam ser solucionados em horas ou dias por um quântico. Isso basicamente inutilizaria grande parte da segurança da internet como a conhecemos!

- **E a Criptografia Simétrica (AES) e Hashing (SHA-256)?** Acredita-se que sejam mais resistentes aos ataques quânticos conhecidos, mas ainda assim podem ser enfraquecidos (um ataque de força bruta, por exemplo, poderia ser acelerado).

3.2. A Defesa do Futuro: Criptografia Pós-Quântica (PQC)

A boa notícia é que a comunidade de segurança já está trabalhando nisso! A **Criptografia Pós-Quântica (PQC)** busca desenvolver novos algoritmos de criptografia (baseados em problemas matemáticos diferentes, que acredita-se serem difíceis até para computadores quânticos) para substituir os atuais. Institutos como o NIST (EUA) estão liderando o processo de padronização desses novos algoritmos. A migração para PQC será um esforço enorme e gradual nos próximos anos.

3.3. A Era Quântica Chegando:

Não será da noite para o dia. A adoção da computação quântica (e da PQC) provavelmente será gradual, começando por governos e grandes empresas que precisam proteger dados por muito tempo. Os custos e a complexidade ainda são altos.

4. Blockchain: A Corrente da Segurança?

A tecnologia **Blockchain**, que ficou famosa com o Bitcoin, também tem implicações para a segurança.

4.1. Além das Criptomoedas:

A ideia de um registro distribuído, transparente e (teoricamente) imutável pode ser usada para:

- **Contratos Inteligentes (Smart Contracts):** Acordos que se auto-executam quando certas condições são cumpridas, registrados na blockchain, sem necessidade de intermediários.
- **Cadeia de Suprimentos (Supply Chain):** Rastrear a origem e o caminho de produtos para garantir autenticidade e evitar falsificações.
- **Identidade Digital e Votação:** Existem projetos experimentais para usar blockchain para criar sistemas de identidade mais seguros e controlados pelo usuário, ou até para votações eletrônicas transparentes (embora ainda haja muitos debates sobre a segurança real dessas aplicações).

4.2. Desafios do Blockchain:

Apesar do potencial, existem desafios:

- **Escalabilidade:** Algumas blockchains públicas têm dificuldade em processar um grande volume de transações rapidamente.
- **Regulamentação:** As leis ainda estão se adaptando a conceitos como contratos inteligentes.
- **Custo e Energia:** Alguns mecanismos de funcionamento da blockchain (como o *Proof of Work* do Bitcoin) consomem muita energia.
- **Segurança Não é Absoluta:** Embora a blockchain em

si seja difícil de alterar, as *aplicações* construídas sobre ela (como contratos inteligentes) podem ter vulnerabilidades que podem ser exploradas.

4.3. Segurança das Corretoras de Criptomoedas (Exchanges):

As plataformas onde compramos e vendemos criptomoedas (exchanges) são alvos constantes de hackers. Se uma exchange for invadida, os usuários podem perder todas as suas moedas digitais. Por isso, a recomendação é sempre guardar suas criptomoedas em carteiras próprias (*wallets*) sobre as quais você tem controle total das chaves privadas, especialmente se for um valor significativo (usando *cold wallets* - carteiras offline - para maior segurança).

5. Privacidade: Cada Vez Mais Valiosa (e Exigida!)

A preocupação com a forma como nossos dados pessoais são usados só aumenta.

5.1. Leis Mais Rígidas, Multas Maiores:

Como vimos com a LGPD e o GDPR, a tendência global é de leis de proteção de dados mais rigorosas, com fiscalização ativa e multas pesadas para quem não cumprir as regras.

5.2. Gigantes da Tecnologia Mudando (ou Sendo Forçadas a Mudar):

A pressão dos usuários e dos reguladores está fazendo com que grandes empresas de tecnologia (Apple, Google, Facebook, Microsoft) revisem suas políticas de privacidade, ofereçam mais controles aos usuários sobre seus dados e repensem modelos de negócio baseados puramente na coleta e venda de informações para publicidade.

5.3. Nós, Usuários, Mais Conscientes:

As pessoas estão ficando mais críticas sobre como seus dados são usados. Vemos um crescimento no uso de navegadores focados em privacidade, bloqueadores de rastreadores e aplicativos de mensagem com criptografia de ponta-a-ponta (como Signal). Claro, ainda existe o dilema entre a conveniência de serviços "gratuitos" e a privacidade, mas a conscientização está aumentando.

6. O Encontro de Mundos: Convergência da Segurança Física e Digital

A linha que separa a segurança do mundo físico e do mundo digital está cada vez mais fina.

6.1. Cidades Inteligentes (Smart Cities): Conveniência e Risco Conectados:

Sensores controlando trânsito, iluminação pública inteligente, redes de energia conectadas... As *smart cities* prometem eficiência, mas também criam riscos enormes. Um ataque cibernético poderia causar apagões, congestionamentos gigantescos ou interromper serviços essenciais, com impacto direto na vida das pessoas. A segurança precisa ser pensada de forma integrada (holística).

6.2. Biometria e Vigilância: Olhos Digitais Por Toda Parte:

Sistemas de reconhecimento facial em aeroportos, câmeras inteligentes nas ruas... A tecnologia de vigilância e biometria avança rápido, trazendo benefícios para a segurança pública, mas também levantando sérias questões sobre privacidade, potencial de abuso e erros (reconhecimento facial ainda falha!). Além disso, até a biometria pode ser falsificada.

6.3. O Desafio da Integração:

Tentar conectar sistemas de segurança física (câmeras de CFTV, controle de acesso com crachás) com sistemas de segurança digital (logs de rede, sistemas de identidade) é complicado. Protocolos diferentes, sistemas antigos, falta de padrões... tudo isso dificulta ter uma visão unificada e pode criar brechas se a integração não for bem feita. Um único ponto de falha na integração pode dar a um invasor controle sobre ambos os mundos.

Concluindo Nossa Viagem ao Futuro (Próximo)

O futuro da cibersegurança será, sem dúvida, emocionante e desafiador! Vimos que:

- A **Inteligência Artificial** será uma faca de dois gumes, ajudando na defesa, mas também potencializando ataques.
- O **5G** e a explosão da **IoT** aumentarão drasticamente a superfície de ataque.
- A **Computação Quântica** forçará uma mudança radical na criptografia que usamos hoje.
- O **Blockchain** oferece novas possibilidades, mas ainda precisa superar desafios.
- A **Privacidade** continuará sendo um campo de batalha legal e tecnológico.
- A **convergência físico-digital** exigirá abordagens de segurança mais integradas.

O que fica claro é que a cibersegurança é uma corrida que nunca termina. Precisamos estar sempre aprendendo, nos adaptando e colaborando – profissionais, empresas, governos e usuários – para tentar manter o ritmo e construir um futuro digital mais seguro.

Agora que olhamos para o futuro, no próximo capítulo vamos voltar ao presente (e ao passado recente) para analisar alguns **Estudos de Caso** reais. Aprender com os erros (e acertos) dos outros é uma das melhores formas de nos prepararmos para os desafios que enfrentamos hoje.

CAPÍTULO 11 – ESTUDOS DE CASO E LIÇÕES APRENDIDAS

Já falamos sobre fundamentos, ameaças, defesas, gestão, carreiras e até o futuro da cibersegurança. Agora, vamos colocar um pouco de "vida real" em tudo isso. Neste capítulo, vamos analisar alguns **incidentes de segurança que realmente aconteceram**. Por quê? Porque estudar casos concretos nos ajuda a entender:

- Como os ataques ocorrem na prática.
- Quais vulnerabilidades são mais exploradas.
- Quais são as consequências reais para as vítimas.
- E, o mais importante: **quais lições podemos tirar** para não cometer os mesmos erros.

Vamos mergulhar em alguns casos famosos e também em cenários mais comuns?

1. Ataques que Fizeram História: Lições dos Grandes Incidentes

Analisar ataques contra grandes alvos nos mostra a sofisticação que as ameaças podem atingir.

1. Stuxnet (2010): A Ciberguerra Industrial

- **O Que Foi?** Considerado por muitos o primeiro grande exemplo de uma "arma cibernética". Foi um malware extremamente complexo projetado para atacar sistemas de controle industrial (SCADA), especificamente as centrífugas usadas no programa nuclear do Irã.

- **Como Entrou?** Acredita-se que tenha sido introduzido através de pen drives infectados levados para dentro das instalações. Ele explorou múltiplas vulnerabilidades desconhecidas na época (*zero-days*) no Windows e no software de automação da Siemens.
- **As Brechas:** Falta de isolamento (segmentação) adequado entre as redes de controle industrial e outras redes; confiança excessiva em dispositivos removíveis (pen drives).
- **O Estrago:** Conseguiu sabotar o programa nuclear iraniano, danificando fisicamente as centrífugas ao fazê-las girar fora de controle, tudo isso enquanto mostrava leituras normais nos painéis de controle. O caso gerou um debate global sobre ciberguerra.
- **Lições Aprendidas:** A importância crítica de **isolar redes industriais** (OT - Operation Technology) das redes corporativas (IT); a necessidade de controlar e verificar dispositivos removíveis; e a urgência de monitorar sistemas SCADA em busca de comportamentos anômalos.

2. SolarWinds (2020): O Ataque na Cadeia de Suprimentos

- **O Que Foi?** Um ataque extremamente sorrateiro que comprometeu a "cadeia de suprimentos" de software. Os invasores conseguiram infiltrar código malicioso em uma atualização legítima do software de monitoramento de rede Orion, da empresa SolarWinds.
- **Como Entrou?** Milhares de clientes da SolarWinds, incluindo agências do governo dos EUA e grandes corporações, baixaram e instalaram essa atualização "envenenada", sem saber que estavam abrindo as portas para os espiões.
- **As Brechas:** Falhas no processo de desenvolvimento seguro do software da SolarWinds (falta de DevSecOps robusto); e, do lado dos clientes, a confiança cega na atualização, sem mecanismos para verificar sua integridade de forma mais profunda.
- **O Estrago:** Comprometimento de redes e dados sensíveis em inúmeras organizações importantes, resultando em um dos

maiores incidentes de espionagem cibernética já registrados.

- **Lições Aprendidas:** A necessidade urgente de **segurança em todo o ciclo de vida do desenvolvimento de software** (não só no produto final); a importância de verificar a integridade e a assinatura digital das atualizações que recebemos; e monitorar o comportamento até mesmo de ferramentas legítimas. Confiar cegamente em fornecedores pode ser perigoso.

3. Equifax (2017): O Preço de Não Atualizar

- **O Que Foi?** Um vazamento de dados gigantesco em um dos maiores birôs de crédito do mundo, a Equifax, expondo informações pessoais (nomes, CPFs/SSNs, datas de nascimento, endereços, números de cartão) de quase 150 milhões de pessoas.

- **Como Entrou?** Os atacantes exploraram uma **vulnerabilidade conhecida e crítica** em um framework web chamado Apache Struts, para a qual **já existia uma correção (patch)** disponível há alguns meses, mas que a Equifax não havia aplicado em seus sistemas expostos na internet.

- **As Brechas:** Falha grave no processo de **gerenciamento de patches** (não aplicar correções a tempo); falta de um inventário completo dos sistemas e softwares expostos na internet.

- **O Estrago:** Exposição massiva de dados extremamente sensíveis, resultando em um enorme dano à reputação da empresa, processos multimilionários e multas pesadas. Milhões de pessoas ficaram vulneráveis a roubo de identidade e fraudes.

- **Lições Aprendidas:** A importância **absoluta** de ter um processo rigoroso de **gerenciamento de patches e vulnerabilidades**; a necessidade de saber exatamente quais sistemas estão expostos; e a importância do monitoramento contínuo para detectar atividades suspeitas o mais rápido possível.

2. Não Acontece Só com os Grandes: Casos em PMEs

Ataques a gigantes como Equifax ganham as manchetes, mas as Pequenas e Médias Empresas (PMEs) são alvos constantes e, muitas vezes, mais vulneráveis.

2.1. O Impacto Devastador nas Pequenas Empresas

Para uma PME, um ataque cibernético pode ser fatal. Por quê?

- **Menos Defesas:** Geralmente, PMEs investem menos em firewalls avançados, equipes dedicadas ou políticas robustas.
- **Processos Informais:** Muitas vezes, faltam procedimentos claros para backups, controle de acesso ou resposta a incidentes.
- **Dependência Total:** Hoje, até o menor negócio depende de computadores para emitir notas, controlar estoque, atender clientes. Ficar sem acesso a isso pode parar a empresa.
- **Consequências Graves:** Perda de vendas por sistemas fora do ar, multas por vazar dados de clientes (LGPD!), perda total de credibilidade com clientes e parceiros.

2.2. Onde as PMEs Mais Falham? O Básico Esquecido

Muitos ataques bem-sucedidos contra PMEs exploram falhas básicas:

- Senhas padrão nunca trocadas ou senhas muito fracas em roteadores, sistemas ou contas de administrador.
- Falta de um antivírus decente e atualizado, ou um firewall mal configurado (ou nem configurado).
- Processos de **backup inexistentes, incompletos ou nunca testados** (esse é um clássico!).

2.3. A Recuperação Dolorosa (e as Lições Forçadas)

Quando uma PME sofre um ataque (especialmente ransomware) e não tem um plano, a recuperação é lenta, cara e dolorosa. Elas aprendem da pior maneira que:

- Um **backup funcional e recuperável** é a linha tênue entre sobreviver ou fechar as portas.

- Saber quais são seus **ativos importantes** (dados, sistemas) facilita muito a recuperação.
- **Políticas simples** (como de senhas e backups) e **treinamentos básicos** para a equipe poderiam ter evitado o desastre com um custo muito menor.

3. "Olá, Posso Ajudar?" - Casos de Engenharia Social Bem-Sucedida

Lembram da engenharia social, a arte de manipular pessoas? Ela continua sendo extremamente eficaz.

3.1. Como os Golpes Foram Armados

- **Phishing Super Direcionado (Spear Phishing):** Criminosos fazem a "lição de casa": pesquisam sobre a vítima e a empresa nas redes sociais (LinkedIn, Facebook) e enviam e-mails que parecem vir do chefe, de um colega ou de um cliente importante, com um pedido específico e convincente. É muito mais eficaz que o phishing genérico.
- **Vishing (Golpe por Voz):** Ligações onde o golpista usa um tom de voz profissional, se passa por alguém do banco ou do suporte técnico, cria um senso de urgência e pede dados ou acesso remoto. Às vezes, usam tecnologia para mascarar o número de telefone, fazendo parecer que a ligação vem mesmo da instituição legítima.
- **Pretexting (A Desculpa Perfeita):** O atacante inventa uma história plausível (o "pretexto") para justificar seu pedido. Ex: "Sou do RH e preciso confirmar seus dados para atualizar o cadastro" ou "Sou do suporte e preciso que você execute este arquivo para corrigir um problema urgente".

3.2. Por Que as Pessoas Caem? Os Erros Humanos

- **Falta de Desconfiança/Verificação:** A vítima acredita na história ou na identidade do remetente/interlocutor sem questionar ou tentar verificar por outro meio (ligar de volta, perguntar pessoalmente).

- **Pressa, Curiosidade ou Medo:** A urgência imposta pelo golpista, a curiosidade sobre um anexo com nome chamativo ("Bônus_Extra.xlsx") ou o medo de ter a conta bloqueada levam a vítima a agir impulsivamente.

3.3. Como Evitar que Aconteça de Novo?

- **Treinamento, Treinamento, Treinamento:** Simulações práticas de phishing, vishing, mostrar exemplos reais, ensinar a identificar os sinais de alerta.
- **Processos de Verificação:** Estabelecer canais oficiais e obrigatórios para confirmar solicitações sensíveis, especialmente transferências financeiras ou pedidos de credenciais.
- **Limitar o Dano (Menor Privilégio):** Mesmo que alguém seja enganado, se essa pessoa tiver acesso limitado aos sistemas e dados, o estrago causado pelo ataque será menor.

4. Depois da Tempestade: Respostas e Planos de Contingência

O que acontece (ou deveria acontecer) depois que um incidente é detectado?

4.1. A Reação das Organizações

Em casos como Equifax e SolarWinds, as empresas acionaram suas equipes internas de resposta a incidentes (às vezes chamadas de CSIRT - Computer Security Incident Response Team) ou contrataram consultorias especializadas. O processo geralmente segue estas fases:

1. **Detecção e Contenção:** Identificar o problema, entender o que está acontecendo e, o mais rápido possível, isolar os sistemas afetados para impedir que o ataque se espalhe.
2. **Investigação (Forense):** Coletar evidências digitais (logs, arquivos) para descobrir como o ataque começou, o que foi comprometido e quem pode ser o responsável.
3. **Erradicação:** Remover a causa raiz do problema (o malware, a conta comprometida, a vulnerabilidade explorada).

4. **Recuperação:** Restaurar os sistemas e dados a partir de backups limpos e confiáveis, garantindo que tudo volte a funcionar.
5. **Comunicação:** Notificar as partes interessadas (clientes, funcionários, autoridades reguladoras, mídia) sobre o incidente, de forma transparente e conforme exigido por lei.

4.2. A Importância Vital do Plano de Resposta a Incidentes (PRI)

Ter um PRI **antes** do incidente acontecer faz toda a diferença:

- **Agilidade:** Permite detectar e conter o ataque muito mais rápido.
- **Menos Caos:** Define claramente quem faz o quê durante a crise (quem lidera a resposta técnica, quem fala com a imprensa, quem aciona o jurídico).
- **Redução de Danos:** Ajuda a evitar que o problema se alastre, minimizando o tempo de inatividade, os prejuízos financeiros e o impacto na reputação.

4.3. Aprender com os Erros: Melhoria Contínua

Um incidente de segurança nunca deve ser apenas "apagado". É uma oportunidade crucial de aprendizado:

- **Análise Pós-Incidente (*Post-Mortem*):** Reunir a equipe, documentar tudo o que aconteceu, identificar o que funcionou bem na resposta e, principalmente, o que falhou ou demorou.
- **Refinar Defesas e Políticas:** Usar as lições aprendidas para atualizar políticas de segurança, implementar novas ferramentas (se necessário), melhorar configurações.
- **Reforçar a Cultura:** Usar o incidente como um exemplo real para reforçar treinamentos e a importância da vigilância de todos.

É um ciclo: Prevenir -> Detectar -> Responder -> Aprender -> Prevenir Melhor.

Concluindo Nossas Lições da Vida Real

Analisar esses casos nos mostra que a cibersegurança é complexa e cheia de nuances. Vimos ataques sofisticados contra gigantes e falhas básicas derrubando pequenos negócios. Vimos que a engenharia social continua sendo uma arma poderosa, explorando nosso fator humano.

As lições mais importantes que ficam são:

1. O básico funciona (e a falta dele custa caro): manter sistemas atualizados (patching!), ter backups confiáveis e testados, usar senhas fortes e 2FA.
2. Estar preparado para o pior é essencial: ter um Plano de Resposta a Incidentes bem estruturado e testado pode salvar sua empresa.
3. Pessoas são a chave: investir em treinamento e conscientização é tão importante quanto investir em tecnologia.
4. Aprender com os erros (seus e dos outros) é fundamental para evoluir e fortalecer suas defesas.

Com essas lições em mente, estamos chegando ao final da nossa jornada. No último capítulo, faremos uma **Conclusão Geral**, recapitulando os pontos principais que vimos ao longo do livro e indicando alguns **Próximos Passos** para você continuar aprendendo e se aprofundando nesse mundo fascinante da cibersegurança.

CAPÍTULO 12 – CONCLUSÃO E PRÓXIMOS PASSOS

E então, chegamos ao fim! Percorremos juntos um caminho longo e, espero, muito proveitoso pelo universo da cibersegurança. Desde os conceitos mais básicos até as tendências que estão moldando o futuro, passando pelas ameaças, defesas, gestão de riscos, leis e carreiras, cobrimos muita coisa!.

Meu objetivo com este livro foi te dar uma base sólida, uma visão geral desse campo tão vasto e importante. Agora, neste capítulo final, quero fazer duas coisas: primeiro, **relembrar rapidamente os pontos mais importantes** que vimos, para fixar o conhecimento; e segundo, te dar algumas **dicas e recursos para você continuar aprendendo**, porque, como vimos, em cibersegurança, a jornada nunca termina!.

1. Rebobinando a Fita: Resumo dos Nossos Principais Aprendizados

Vamos fazer uma recapitulação rápida do que exploramos juntos?

- **Segurança da Informação vs. Cibersegurança:** Entendemos a diferença e a complementaridade, e a importância da Tríade CIA (Confidencialidade, Integridade, Disponibilidade) como base de tudo.
- **Fundamentos:** Desvendamos conceitos como ameaças, vulnerabilidades, riscos, vetores e superfície de ataque, e a estratégia crucial da Defesa em Profundidade.

- **Ameaças e Ataques:** Conhecemos as táticas dos "vilões", desde a manipulação da Engenharia Social (phishing!) até ataques técnicos como Ransomware, DDoS e exploração de vulnerabilidades.
- **Malwares e Ferramentas:** Mergulhamos no "zoológico" de malwares (vírus, worms, trojans, spyware, rootkits...) e vimos as ferramentas usadas tanto para atacar quanto para defender (pentest tools, exploit kits, antivírus, EDR/XDR).
- **Protegendo a Infraestrutura:** Aprendemos a construir defesas em camadas para redes (segmentação, firewalls, IDS/IPS), dispositivos (endpoints, mobile), servidores (hardening), nuvem (responsabilidade compartilhada!) e até na Internet das Coisas (IoT).
- **Criptografia:** Desvendamos os segredos das chaves simétricas e assimétricas, do hashing, das assinaturas digitais, dos certificados e da PKI, além de vermos protocolos como TLS/SSL e VPNs em ação e a importância das leis de proteção de dados (LGPD/GDPR).
- **Gestão de Riscos e Conformidade:** Vimos a importância de avaliar riscos (metodologias, matrizes), ter planos de continuidade (BCP/DRP), seguir normas e frameworks (ISO 27001, NIST) e realizar auditorias.
- **Segurança Pessoal e para PMEs:** Trouxemos a segurança para o dia a dia, com dicas práticas de senhas, 2FA, cuidados com Wi-Fi público e backups, mostrando que a proteção é acessível a todos.
- **Carreiras:** Exploramos o mercado de trabalho aquecido, as diversas áreas de atuação, certificações relevantes e as habilidades (técnicas e soft skills) necessárias para quem quer ser um profissional da área.
- **Futuro:** Demos uma espiada nas tendências como IA, 5G, Computação Quântica e Blockchain, e como elas impactarão a segurança.
- **Estudos de Caso:** Aprendemos lições valiosas analisando incidentes reais, tanto em grandes corporações quanto em PMEs, e a importância de ter um Plano de Resposta a

Incidentes.

A Grande Figura: Se há uma coisa que ficou clara, é que a cibersegurança é um quebra-cabeça complexo onde tudo se encaixa: tecnologia, processos, leis, estratégias e, talvez o mais importante, **pessoas.**

2. Não Pare Agora! Recomendações Finais para Você

O aprendizado não pode parar aqui! O que você pode fazer para continuar seguro(a) e evoluindo?

2.1. Práticas de Segurança para Virar Hábito:

Faça destas dicas parte da sua rotina digital:

1. **Atualize TUDO, SEMPRE:** Sistema operacional, navegador, aplicativos... Habilite atualizações automáticas!.
2. **Use 2FA/MFA em TUDO que for Importante:** E-mail, redes sociais, banco... É uma camada extra essencial.
3. **Gerenciador de Senhas é Vida:** Crie senhas fortes e **únicas** para cada serviço. Deixe o gerenciador lembrar por você.
4. **Pense Antes de Clicar:** Verifique remetentes, links e anexos com cuidado. Na dúvida, não clique!.
5. **Backup é Seu Seguro:** Faça cópias regulares dos seus arquivos importantes em local seguro (nuvem confiável ou HD externo).
6. **Menos é Mais (Privilégio):** Tanto em casa quanto no trabalho, use contas com permissões limitadas para o dia a dia.

2.2. Mantenha a Mão na Massa: Exercícios e Treinamentos

- **Brinque de Hacker (do Bem!):** Explore plataformas de CTF (Capture The Flag) como TryHackMe, Hack The Box ou VulnHub. É divertido e ensina muito na prática.
- **Monte seu Laboratório:** Crie máquinas virtuais (usando VirtualBox ou VMware, por exemplo) para testar ferramentas, configurações de segurança, ou até mesmo analisar malwares (com cuidado!).

- **Estude para Certificações (se for o caso):** Se busca uma carreira, escolha uma certificação alinhada aos seus objetivos (Security+, CEH, etc.) e use os materiais e cursos preparatórios.
- **Assista e Aprenda:** Acompanhe webinars, tutoriais no YouTube, palestras de conferências (muitas ficam disponíveis online). Aprender com quem já está na área é ótimo.

2.3. Planeje Seus Próximos Estudos:

- **Especialize-se:** Se gostou de alguma área específica (forense, pentest, nuvem, GRC...), procure cursos e materiais focados nela.
- **Aprenda Inglês:** Grande parte do conteúdo mais atualizado (artigos, documentações, conferências) está em inglês.
- **Continue na Comunidade:** Participe de fóruns, grupos locais, eventos. O networking e a troca de conhecimento são valiosíssimos.

3. Sua Biblioteca de Cibersegurança: Leituras e Recursos

Quer ir mais fundo? Aqui ficam algumas sugestões (muitas das que estavam no material original são excelentes!):

- **Livros:**
  - "A Arte de Enganar" e "Fantasma na Rede" (Kevin Mitnick): Clássicos sobre engenharia social e histórias reais de hacking.
  - "Security Engineering" (Ross Anderson): Uma referência mais profunda sobre princípios de segurança.
  - "Hacking: The Art of Exploitation" (Jon Erickson): Para quem quer entender pentest e exploração de vulnerabilidades mais a fundo.
- **Blogs e Portais (leitura obrigatória!):**
  - Krebs on Security (Brian Krebs)
  - The Hacker News
  - Threatpost

- o   (Adicione outros que você goste!)
- **Podcasts (para ouvir no trânsito ou na academia):**
    - o   Darknet Diaries (histórias incríveis do submundo digital)
    - o   Security Weekly
    - o   SANS Internet Storm Center Podcast
- **Canais no YouTube (para aprender visualmente):**
    - o   LiveOverflow (análise técnica, CTFs)
    - o   John Hammond (pentest, malware, CTFs)
    - o   The Cyber Mentor (hacking ético)
- **Ferramentas para Praticar:**
    - o   Kali Linux (a distro "canivete suíço" do pentester)
    - o   Metasploit Framework (para explorar vulnerabilidades)
    - o   Burp Suite (essencial para testar segurança web - tem versão gratuita)
    - o   Wireshark (para analisar o que está passando na rede)
    - o   VulnHub (baixe máquinas virtuais vulneráveis para treinar)
- **Comunidades:**
    - o   OWASP (Open Web Application Security Project): Foco em segurança web, com muitos guias, ferramentas e capítulos locais.
    - o   Meetups Locais (BSides, grupos de DefCon, etc.): Ótimo para conhecer gente da área na sua cidade.
    - o   Servidores no Discord/Slack: Muitas comunidades técnicas se reúnem lá.

4. Uma Mensagem Final: A Segurança Está em Nossas Mãos!

Chegamos ao fim, mas quero deixar algumas palavras finais.

4.1. Colaboração: Juntos Somos Mais Fortes!

A cibersegurança não é um jogo de "cada um por si". Pelo contrário, a **colaboração** é essencial. Quando alguém descobre uma falha e a reporta responsavelmente, todos se beneficiam. Quando compartilhamos conhecimento em blogs, fóruns ou eventos, ajudamos a fortalecer todo o ecossistema.

4.2. Seu Papel Faz a Diferença!

Você não precisa ser um super especialista em segurança para contribuir. Ao adotar boas práticas no seu dia a dia (senhas fortes, 2FA, cuidado com phishing), você já está ajudando a tornar o ambiente digital mais seguro para você e para os outros. Quanto mais pessoas conscientes, mais difícil fica a vida dos criminosos!

4.3. Continue Curioso(a) e Participe!

Se você gostou do que viu aqui, não pare!

- Procure por eventos de segurança (muitos são online e acessíveis).
- Participe de grupos de estudo ou CTFs.
- Considere contribuir para projetos open source de segurança ou até mesmo fazer trabalho voluntário na área.

Conclusão Final

A cibersegurança é, sem dúvida, um campo desafiador, dinâmico, às vezes assustador, mas também **incrivelmente gratificante e importante**. Nunca se para de aprender. Espero, sinceramente, que este livro tenha te dado uma visão clara e abrangente, desde os fundamentos até as tendências, e que tenha despertado ainda mais sua curiosidade e vontade de se aprofundar.

Lembre-se: proteger nosso mundo digital depende de **educação contínua, consciência coletiva e inovação constante**. Ao aplicar o que aprendeu aqui e continuar sua jornada de conhecimento, você não estará apenas se protegendo, mas também **contribuindo ativamente para um ecossistema digital mais seguro, confiável e colaborativo para todos**.

Obrigado por me acompanhar até aqui e boa sorte na sua jornada pela cibersegurança!

GLOSSÁRIO DE CIBERSEGURANÇA

A seguir, apresentamos um glossário com **termos-chave** utilizados ao longo deste livro, bem como outros conceitos importantes na área de segurança da informação. As definições são **breves** e **didáticas**, servindo como guia de referência para os principais temas de cibersegurança.

A

Adware
Software que exibe propagandas de forma insistente ou coleta dados de navegação para direcionar anúncios. Embora nem sempre seja mal-intencionado, pode prejudicar a experiência do usuário e, em alguns casos, atuar em conjunto com spyware.

AES (Advanced Encryption Standard)
Padrão de criptografia simétrica adotado mundialmente para proteger dados em repouso ou em trânsito, oferecendo segurança e desempenho.

Anonimização
Processo de remover ou alterar dados pessoais de forma que não seja mais possível identificar o indivíduo. Difere de pseudonimização, pois não há caminho de volta para reconstituir a identidade.

API (Application Programming Interface)
Conjunto de rotinas e padrões de programação que permitem a comunicação entre sistemas ou aplicações. É frequentemente usado para integrar funcionalidades de segurança (e.g., verificar credenciais ou logs) em diferentes serviços.

Asset (Ativo)
Qualquer recurso valioso para a organização ou para o indivíduo, seja ele físico (servidores, dispositivos) ou lógico (dados, software). A proteção de ativos é o foco central da segurança da informação.

Ataque de Força Bruta
Método em que o atacante tenta inúmeras combinações de senhas ou chaves até encontrar a correta. É mitigado com senhas fortes, políticas de bloqueio e autenticação multifator.

Autenticação Multifator (2FA/MFA)
Requer pelo menos dois métodos de verificação para conceder acesso (por exemplo, senha + token, senha + biometria). Adiciona uma camada extra de segurança além das senhas tradicionais.

B

Backdoor
Funcionalidade ou código oculto em um sistema que permite acesso não autorizado, contornando mecanismos de segurança tradicionais.

Backup
Cópia de segurança de arquivos ou sistemas. O backup é essencial para recuperação de desastres e proteção contra ransomware, evitando perda de dados em caso de falhas ou ataques.

Biometria
Tecnologia que utiliza características únicas de cada pessoa (impressão digital, íris, voz, reconhecimento facial) para autenticação. Pode ser combinada a outros fatores de segurança.

Blockchain
Estrutura de dados distribuída e imutável, popularizada pelas criptomoedas (ex.: Bitcoin). Pode ser aplicada em outras áreas, como contratos inteligentes e rastreamento de cadeias de suprimento.

Botnet
Rede de dispositivos (zumbis) infectados controlados por um invasor para executar ataques coordenados, como DDoS ou envio de spam, sem o conhecimento dos proprietários das máquinas.

BYOD (Bring Your Own Device)
Política em que funcionários utilizam dispositivos pessoais (smartphones, notebooks) para fins corporativos. Exige cuidados extras de segurança, pois amplia a superfície de ataque.

C

CIA (Confidencialidade, Integridade e Disponibilidade)
Tríade fundamental da segurança da informação. Garante que os dados sejam acessados apenas por quem tem autorização (Confidencialidade), não sofram alterações indevidas (Integridade) e estejam disponíveis sempre que necessários (Disponibilidade).

Certificado Digital
Documento eletrônico que vincula uma entidade (pessoa, servidor, organização) a uma chave pública, emitido por uma Autoridade Certificadora (CA). Assegura a identidade e a autenticidade de quem detém a chave privada correspondente.

Cloud Computing (Computação em Nuvem)
Entrega de recursos computacionais (infraestrutura, plataforma ou software) via internet, sob demanda. Modelos principais: IaaS, PaaS e SaaS.

Compliance (Conformidade)
Adequação às leis, regulamentações e normas (ex.: LGPD, GDPR). Visa reduzir riscos legais e garantir governança efetiva.

Criptografia Assimétrica
Usa duas chaves diferentes — uma pública, outra privada. Permite troca segura de dados e criação de assinaturas digitais. Ex.: RSA, ECC.

Criptografia Simétrica
Emprega a mesma chave para cifrar e decifrar dados. É mais rápida, mas exige compartilhamento seguro da chave. Ex.: AES, 3DES.

D

DDoS (Distributed Denial of Service)
Ataque de negação de serviço distribuído, em que múltiplas fontes (geralmente botnets) enviam grande volume de tráfego para um alvo, tornando-o indisponível para usuários legítimos.

DevSecOps
Integração de segurança em todo o ciclo de vida de desenvolvimento (DevOps). Envolve automação, revisões de código, testes e práticas de segurança contínuas desde o início dos projetos.

DLP (Data Loss Prevention)
Conjunto de políticas, processos e ferramentas que visam evitar vazamento de dados sensíveis ou confidenciais, monitorando e controlando seu uso.

DNS (Domain Name System)
Sistema que traduz nomes de domínio (ex.: www.exemplo.com) em endereços IP. Ataques de DNS podem direcionar usuários a sites falsos ou indisponibilizar serviços.

DRP (Disaster Recovery Plan)
Plano de recuperação de desastres, focado em restaurar sistemas de TI após falhas graves ou ataques. Complementa o BCP (Business Continuity Plan), que abrange toda a continuidade de negócios.

E

EDR (Endpoint Detection and Response)
Ferramenta de segurança que monitora continuamente desktops, notebooks e servidores, detectando e respondendo a atividades maliciosas em tempo real.

Engenharia Social
Manipulação psicológica para induzir pessoas a revelarem informações sigilosas ou executarem ações nocivas (clique em links, entrega de senhas etc.). Phishing e vishing são exemplos.

Exploit
Código ou técnica que explora uma vulnerabilidade em software, hardware ou sistema, permitindo acesso ou execução de comandos não autorizados.

F

Firewall
Dispositivo ou software que monitora e filtra o tráfego de rede, aplicando regras de bloqueio ou permissão para proteger os recursos internos contra acessos indevidos.

Forense Digital
Processo de coleta, análise e preservação de evidências eletrônicas com valor legal, útil para investigar ataques, fraudes ou outras atividades ilícitas em sistemas computacionais.

G

Governança de TI

Estrutura de políticas, processos e controles para garantir que a TI seja gerida de forma alinhada aos objetivos de negócio, incluindo segurança e uso ético dos recursos tecnológicos.

H

Hardening

Conjunto de práticas para tornar um sistema (servidor, estação de trabalho, software) mais seguro, eliminando serviços desnecessários, restringindo permissões e aplicando configurações adequadas.

Hash

Valor gerado por uma função unidirecional que condensa dados em um "resumo" de tamanho fixo. Garante integridade — se o arquivo ou mensagem for alterado, o hash muda.

/

IDS (Intrusion Detection System)
Sistema que monitora o tráfego de rede ou atividades de um host para identificar comportamentos suspeitos ou assinaturas de ataques. Gera alertas, mas não bloqueia o ataque.

IoT (Internet of Things)
Conceito de conectar à internet dispositivos físicos, como sensores, câmeras, lâmpadas e eletrodomésticos, ampliando a superfície de ataque por meio de objetos antes "desconectados".

IPS (Intrusion Prevention System)
Evolução do IDS, que, além de detectar, pode bloquear ou interromper o tráfego malicioso imediatamente.

ISO/IEC 27001
Padrão internacional para Sistemas de Gestão de Segurança da Informação (SGSI). Define requisitos e controles para proteger informações, tornando-se referência global na área.

K

Keylogger

Software ou dispositivo de hardware que registra tudo o que é digitado no teclado (senhas, dados bancários, conversas). É utilizado por cibercriminosos para roubo de credenciais.

L

LGPD (Lei Geral de Proteção de Dados)
Legislação brasileira (Lei nº 13.709/2018) que regulamenta o tratamento de dados pessoais, exigindo consentimento e proteção adequada dos dados. Espelhada em princípios semelhantes ao GDPR europeu.

M

Malware
Qualquer software criado para executar ações maliciosas em um sistema, como roubo de dados, danos ao sistema ou espionagem. Abrange vírus, worms, trojans, ransomware etc.

MDM (Mobile Device Management)
Ferramentas e processos para gerenciar dispositivos móveis (smartphones, tablets), garantindo políticas de segurança (senhas fortes, criptografia, remoção remota) em âmbito corporativo.

Mitigação
Ações ou controles para reduzir o impacto ou a probabilidade de um risco. Pode incluir implementar patches, treinar usuários, reforçar firewalls etc.

N

NIST (National Institute of Standards and Technology)
Instituto norte-americano responsável por criar padrões e guias de referência em segurança cibernética, como o NIST Cybersecurity Framework.

O

OSINT (Open-Source Intelligence)

Coleta e análise de informações publicamente disponíveis (redes sociais, sites, bases de dados abertas) para uso em investigações de segurança, pesquisa de ameaças ou atividades governamentais.

P

Patch
Atualização ou correção de software para eliminar vulnerabilidades ou bugs. Aplicar patches regularmente é fundamental para manter sistemas seguros.

Pentest (Penetration Test)
Teste de intrusão controlado em que profissionais simulam ataques para identificar vulnerabilidades. Pode ser white box (informações fornecidas) ou black box (sem conhecimento prévio do sistema).

Phishing
Técnica de engenharia social que envolve o envio de e-mails ou mensagens fraudulentas, simulando entidades legítimas para enganar o usuário e obter informações sensíveis.

Políticas de Segurança
Documentos que definem regras, responsabilidades e diretrizes para proteção de dados e ativos organizacionais. Fundamentais para alinhar comportamento de todos na empresa.

Privacidade
Direito de controlar o uso e divulgação de informações pessoais. Inclui a proteção de dados sensíveis e respeito a consentimentos estabelecidos por leis como LGPD e GDPR.

Q

Quarentena

Isolamento de arquivos ou sistemas suspeitos para evitar propagação de malwares ou ataques. Normalmente aplicado por antivírus e soluções de EDR.

R

Ransomware
Malware que criptografa os arquivos da vítima, exigindo pagamento de resgate (geralmente em criptomoedas) para fornecer a chave de descriptografia.

Red Team
Equipe de segurança ofensiva que simula invasões reais para testar defesas. Complementa o trabalho do Blue Team (defesa), permitindo verificar a eficácia dos controles em vigor.

Rootkit
Conjunto de ferramentas maliciosas que se instala em nível profundo (kernel, MBR), ocultando processos e arquivos maliciosos. Permite persistência e controle do sistema pelo invasor.

S

Sandbox
Ambiente isolado para executar e analisar arquivos potencialmente maliciosos sem afetar o sistema real. Útil na detecção de malwares sofisticados.

SIEM (Security Information and Event Management)
Plataforma que coleta e correlaciona logs de diversas fontes (rede, sistemas, apps), gerando alertas de eventos suspeitos ou violações de política de segurança.

SOC (Security Operations Center)
Equipe ou área responsável por monitorar, detectar e responder a incidentes de segurança. Opera em regime 24/7 em muitas empresas, utilizando ferramentas como SIEM, EDR, IDS/IPS.

SQL Injection
Tipo de ataque a aplicações web que exploram falhas de validação de entrada de dados, permitindo a execução de comandos SQL maliciosos no banco de dados.

T

Threat (Ameaça)
Evento ou condição que pode causar dano ou prejuízo aos sistemas e dados, explorando vulnerabilidades existentes.

Trojan (Cavalo de Troia)
Malware que se disfarça de programa legítimo, mas carrega funções maliciosas (ex.: abrir portas para invasores, roubar dados). Depende da execução voluntária do usuário.

U

URL

Uniform Resource Locator, o endereço que se digita no navegador para acessar sites. Links maliciosos podem direcionar a páginas de phishing ou downloads de malware.

V

VPN (Virtual Private Network)
Cria um túnel criptografado para transmissão de dados entre dois pontos, protegendo a privacidade em redes públicas ou na conexão entre matriz e filiais de empresas.

Vishing (Voice Phishing)
Golpe via ligações telefônicas, em que o atacante se passa por alguém de confiança (banco, suporte técnico) para obter dados pessoais ou credenciais.

Vulnerabilidade
Falha ou fraqueza em sistemas ou processos que pode ser explorada para causar dano ou obter acesso não autorizado.

W

WAF (Web Application Firewall)
Firewall especializado em inspecionar e filtrar requisições HTTP/HTTPS, protegendo aplicações web contra ataques como SQL Injection e Cross-Site Scripting (XSS).

WannaCry
Ransomware que se espalhou globalmente em 2017, explorando vulnerabilidade no protocolo SMB do Windows (EternalBlue). Causou grandes prejuízos em hospitais, empresas e governos.

White Hat
Termo que define hackers "éticos" ou especialistas em segurança que usam seus conhecimentos para fins legítimos, ajudando organizações a corrigir vulnerabilidades.

Worm
Malware que se propaga sozinho em redes, sem depender de ação do usuário ou de se anexar a arquivos hospedeiros. Pode causar lentidão ou saturação de tráfego.

X

XDR (Extended Detection and Response)

Expansão do conceito de EDR para abranger múltiplas camadas (endpoint, rede, nuvem, e-mail), correlacionando dados de diversas fontes para melhorar detecção de ameaças.

Z

Zero-Day

Vulnerabilidade que ainda não é conhecida ou não tem correção disponível pelo fabricante, tornando-se muito perigosa. Atacantes podem explorá-la antes que haja um patch oficial.

Zero Trust

Modelo de segurança em que não se confia em nenhum usuário ou dispositivo por padrão — mesmo os que já estão "dentro" da rede. Exige autenticação e verificação contínuas para cada acesso.

ABOUT THE AUTHOR

Igor Doin

Olá! Meu nome é Igor Doin, e sou um profissional apaixonado e dedicado à área de segurança da informação. Com anos de experiência prática, tive o privilégio de trabalhar de perto com mais de 500 empresas, ajudando-as a fortalecer suas defesas e garantir a integridade de seus sistemas e dados.

Minha jornada na cibersegurança começou com uma profunda curiosidade e entusiasmo pela área, e evoluiu para um papel de consultoria estratégica onde consigo fazer uma diferença real na segurança dos meus clientes. Como hacker ético, encontro grande satisfação em identificar e relatar vulnerabilidades em sites e aplicativos. Esse trabalho não é apenas uma profissão para mim, mas uma verdadeira paixão. A experiência prática que acumulei ao longo dos anos me permite entender as ameaças e desafios de diferentes perspectivas, o que é fundamental para fornecer soluções eficazes e personalizadas.

A segurança da informação é mais do que um pilar; é a fundação sobre a qual se constrói a confiança e a resiliência de uma organização. Espero que este livro ofereça a você insights valiosos e práticos para aprimorar a segurança de sua própria organização. Estou ansioso para compartilhar com você as lições aprendidas e as melhores práticas que desenvolvi ao longo de minha jornada na cibersegurança.

Caso você goste do livro, não se esqueça de deixar a sua avaliação na Amazon, isso me ajuda e motiva bastante! Além disso, sinta-se à vontade para me buscar nas redes sociais, como o Linkedin ou Instagram, para me contar como este livro ajudou na sua carreira. Basta procurar por "Igor Doin" e você me encontrará facilmente.